Projeto pedagógico para a cidadania

Michelle Nunes Matos
Rudá Ricci

01

OP Criança

Projeto pedagógico para a cidadania

Michelle Nunes Matos
Rudá Ricci

autêntica

COPYRIGHT © 2007 BY OS AUTORES

REVISÃO
Vera Lúcia de Simoni Castro

PROJETO GRÁFICO E CAPA
Patrícia De Michelis sobre imagem de Mariângela Haddad

EDITORAÇÃO ELETRÔNICA
Conrado Esteves

Todos os direitos reservados pela Autêntica Editora. Nenhuma parte desta publicação poderá ser reproduzida, seja por meios mecânicos, eletrônicos, seja via cópia xerográfica sem a autorização prévia da editora.

AUTÊNTICA EDITORA

BELO HORIZONTE
Rua Aimorés, 981, 8º andar . Funcionários
30140-071 . Belo Horizonte . MG
Tel: (55 31) 3222 68 19
TELEVENDAS: 0800 283 13 22
www.autenticaeditora.com.br
e-mail: autentica@autenticaeditora.com.br

SÃO PAULO
Tel.: 55 (11) 6784 5710
e-mail: autentica-sp1@autenticaeditora.com.br

INSTITUTO CULTIVA

Diretor geral: Rudá Ricci
Diretora executiva: Rosana Bitterman
Rua Capelinha, 393 . Serra
30220-300 . Belo Horizonte . MG
Tel: 55 (31) 3324 1711 . Fax: 55 (31) 3324 1712
www.cultiva.org.br | contato@cultiva.org.br

           Matos, Michelle Nunes
M433p   Projeto pedagógico para a cidadania / Michelle Nunes
        Matos e Rudá Ricci. — Belo Horizonte : Autêntica , 2007.
        112 p. — (Orçamento Participativo Crianças, 1)

        ISBN 978-85-7526-277-1

        1.Educação para a cidadania. 2.Formação de professores.
        I.Rudá Ricci. II. ítulo. III.Série.
                                                  CDU 37.017.4

Ficha catalográfica elaborada por Rinaldo de Moura Faria – CRB6-1006

Agradecimentos

A todas as crianças que tiveram sua infância roubada pela desigualdade desse mundo

A todas as crianças que passaram pela minha vida e ajudaram a construir a minha história

Ao meu filho Gabriel, amor mais sublime e motivo maior da minha existência

Aos meus pais e irmãos, poetas da minha vida

Ao Danilo, inspiração diária e tradução do amor, pelo amor de todos os dias e, especialmente, por ter me presenteado com seu livro *"Os lápis de cor na misteriosa história do mundo assim assado"*, que foi inspiração e luz nesse caminho.

Michelle Matos

Sumário

O protagonismo juvenil e a crise
das instituições modernas   9

O que é OP Criança?   29

Maria e o perigoso plano do OP Criança:
um negócio de doido, véio!   39

Caderno de sugestões para o trabalho
com o Orçamento Participativo Criança   61

Sobre o trabalho com livros   91

Sobre o trabalho com dinâmicas
e jogos de grupos   95

Apenas um exemplo de projeto
interdisciplinar   103

Referências   109

O protagonismo juvenil e a crise das instituições modernas

Rudá Ricci

Protagonismo Juvenil: a busca do OP Criança

A palavra protagonismo significa "O Primeiro", o principal lutador (*proto + agos*). Maria Eleonora D. Lemos Rabêllo recorda que a palavra sugere "a personagem principal de uma peça dramática, pessoa que desempenha ou ocupa o primeiro lugar em um acontecimento".

Portanto, qualquer projeto que tenha por objetivo incentivar ou promover o protagonismo juvenil parte do princípio que o adolescente ou o jovem possui capacidade política de um cidadão.

Essa, talvez, seja a questão teórica a merecer um aprofundamento inicial: a peculiaridade da cidadania juvenil. A cidadania pressupõe direitos universais, de onde emerge um ser político, que decide sobre o seu destino e o de sua coletividade. Contudo, segundo o Estatuto da Criança e do Adolescente (ECA), o adolescente (aquele que possui entre 12 e 18 anos de idade[1]) é um cidadão em formação, merecendo atenção e promoção. Por esse motivo, o adolescente é responsável por seus

---

[1] Define-se, internacionalmente, aquele que possui entre 10 e 20 anos de idade, confundindo-se com o ingresso à puberdade, à vida sexual fértil. Na Antiguidade, adolescente era aquele que possui de 8 a 35 anos de idade. Além da definição legal, considera-se, no ocidente, que um adolescente ingressou na vida adulta a partir dos critérios sociológicos (auto-suficiência na escolha de carreira ou para contrair matrimônio) e psicológicos (maturidade cognitiva, emocional, desenvolvimento de sistema de valores e formação de relacionamentos). No Brasil, 20% da população possui entre 10 e 19 anos de idade (32 milhões de jovens).

atos, mas é inimputável, ou seja, não é merecedor de punição, uma vez que é um "cidadão em formação".

Contardo Calligaris e grande parte dos psicanalistas chegam a afirmar que a adolescência constitui uma *moratória*, já que possui maturidade física e intelectual para ser adulto, mas não é aceito pelo mundo dos adultos como tal. Afirma que a sociedade dos adultos solicita que o adolescente prove sua autonomia, mas o impede de transgredir. (CALLIGARIS, 2000).

Há ainda uma clara distinção no ingresso à adolescência, entre homens e mulheres. Em relação aos sinais de maturação física – e mesmo psicológica –, as mulheres ingressam nessa fase dois ou três anos antes dos homens.

Outro aspecto peculiar é o impacto na formação pessoal da maturação precoce ou tardia. Estudos recentes norte-americanos (PAPALIA; OLDS, 2000) demonstram que meninos que apresentam amadurecimento precoce no ingresso à adolescência são mais equilibrados e mais cautelosos. No caso das meninas, a tendência é se tornarem menos sociáveis e mais tímidas, em virtude das pressões sociais e culturais a respeito de seu comportamento.

Essa é uma fase importante em que se toma consciência do que o mundo poderia ser, desenvolvendo-se o pensamento abstrato e a construção de utopias, testando e formando teorias. Lawrence Kohlberg, seguidor de Piaget, imaginava que nessa fase esboçavam-se os princípios morais com base no reconhecimento de conflitos entre padrões de julgamento. Os dilemas morais são, então, acatados e há a possibilidade – nem sempre confirmada –, segundo o autor, de o adolescente construir a noção de justiça a partir do critério da eqüidade (ou empatia, em que o ator se coloca no lugar do outro para julgar as condições concretas e as capacidades que envolvem cada um para, então, julgá-los)[2].

---

[2] Cito Kohlberg como ilustração para compreendermos a peculiaridade dessa fase de desenvolvimento. Contudo, estudos recentes questionam a relação entre capacidade de julgamento e atitude concreta moral. Em suma, muitos jovens tecem avaliações morais complexas, com base na noção de justiça como eqüidade, mas não

Tal peculiaridade[3] exige que os projetos de promoção do protagonismo juvenil possuam uma dimensão pedagógica, tendo por objetivo a construção de espaços de aprendizagem dos atos e processos de negociação cidadã. Aqui faz sentido a sugestão de Antônio Carlos Gomes da Costa de se procurar promover uma "participação autêntica". Ou seja, o protagonismo pressupõe, para o autor, a criação de espaços e de mecanismos de escuta e participação. Para isso, é preciso conceber os adolescentes como fontes, e não simplesmente como receptores ou porta-vozes daquilo que os adultos dizem ou fazem com relação aos adolescentes. Contudo, acrescentaria, não são meros espaços de sistematização de intenções e realização de desejos. É, antes de mais nada, um **processo formativo.**

Vale ainda ressaltar que tais processos formativos devem incluir os recursos familiares e comunitários, desenvolvendo o que James Coleman e Robert Putnam denominaram de **capital social**: famílias e comunidades que constituem uma rede de apoio potencializam as oportunidades dos jovens.

A cidadania ativa, termo empregado pela socióloga Maria Victória Benevides, amplia a noção de cidadania para além dos direitos civis, políticos e sociais. Sugere o direito a gerenciar políticas públicas, juntamente com os governantes eleitos.

Assim, toda experiência de formação para a cidadania, caso específico do OP Criança (em algumas localidades é denominado de OP Jovem) articula-se com a intenção de estimular a cidadania ativa, protagonista.

---

agem necessariamente em concordância com o julgamento teórico. Daí a necessidade de aprofundamento de projetos pedagógicos que vinculem os conteúdos conceituais, procedimentais e atitudinais.

[3] Ressaltaria ainda o conceito de crise de identidade que envolve o adolescente, segundo Erikson. O psicólogo James Marcia, apoiando-se nessa teoria, sugere quatro estados de identidade do adolescente: a conquista da identidade (em que o adolescente debate consigo mesmo e define escolhas), o pré-fechamento (aceitação de planos de outrem, sem questionamentos), a moratória (como no primeiro caso, debate-se com as decisões, mas hesita em definir compromissos mais rígidos) e a difusão (não se compromete com qualquer decisão, tornando-se incerto ou sem objetivos).

Tal programa de formação pressupõe ao menos quatro competências técnicas e políticas a ser desenvolvidas:

a) A capacidade de gerar e manusear informações técnicas que subsidiem a elaboração de planos de trabalho coletivo;

b) A capacidade de elaboração e projetos de intervenção que superem a demanda individual (característica da noção de cidadania);

c) A capacidade e oportunidade de gestão de projetos comunitários, públicos;

d) A capacidade de fiscalização e avaliação de projetos, ações e programas que envolvem a comunidade, no caso, a juventude.

Ao falarmos do protagonismo juvenil estamos sugerindo um projeto pedagógico com uma clara opção participacionista (participação direta desde sua elaboração, passando pela definição dos objetivos, sua execução, avaliação e reformulação), sustentado por um novo estatuto político do jovem, portador de hábitos e cultura específica.

Mas, afinal, de que jovens falamos?

O cenário social contemporâneo do jovem

O arranjo social dos últimos vinte anos é marcado por uma profunda crise das instituições modernas: Estado, partidos políticos, sindicatos, família. Mas, por outro lado, são valorizados os interesses e as culturas específicas de comunidades e etnias, agrupamentos sociais e culturais. Alguns identificam neste cenário o discurso e os valores pós-modernos, cujo denominador comum é a fragmentação social.

Contudo, é possível repensar a crise das instituições modernas como uma possibilidade de reconstrução dos espaços públicos e do próprio processo de socialização dos cidadãos. Em outras palavras, a solução da atual crise pode gerar uma resposta exatamente contrária ao discurso pós-moderno.

Vejamos dois sinais dessa crise e as soluções que se desenham.

A instituição moderna que possivelmente foi mais duramente atingida nos últimos vinte anos foi a família nuclear. Philippe Ariés sustenta que a atenção e o acolhimento das crianças e dos adolescentes pelas famílias é prática recente, desenvolvida a partir do século XVIII. Antes, eram os aparelhos públicos, mantidos pela comunidade, que educavam e socializavam os jovens. Desde Roma e Grécia da Antigüidade.

Entretanto, a partir das recentes mudanças tecnológicas, o tempo e o espaço do mundo do trabalho invadiram a vida privada com grande intensidade. As progressivas e abrangentes exigências profissionais (derivadas do perfil polivalente do novo profissional do século XXI) diminuíram o tempo de convívio familiar. Richard Sennett chega a afirmar que o mundo atual é definido pela flexibilidade e risco no trabalho. O impacto quase imediato dessa nova realidade do mercado de trabalho é a ruptura da família nuclear, que atinge todas as classes sociais.

Na pesquisa "A Voz das Crianças", realizada pelo Unicef na América Latina e Caribe, mais da metade das crianças e dos adolescentes entrevistados afirmaram que não são ouvidos nem em suas casas nem em suas escolas.

O Brasil, que não fugiu à regra, apresenta nos últimos vinte anos um franco crescimento das famílias monoparentais (nas quais apenas um dos pais reside com seus filhos), chegando perto de 1/3 das famílias brasileiras. Pesquisas recentes, como as realizadas pela equipe do Instituto Cultiva, revelam que, nas famílias de classe média, o tempo de convívio familiar se reduz a 6 horas diárias, sendo que três delas ocorrem à noite, quando a família sofre uma verdadeira "diáspora tecnológica", dividida entre aparelhos de televisão e informática. No caso de famílias com filhos com idade superior a 15 anos, o tempo de convívio familiar, em cidades de grande porte, reduz-se a 30% dessa média. O diálogo, a troca de interesses, as negociações domésticas, a construção de valores sociais são catapultados do seio familiar. As competências técnicas e políticas do convívio social de onde emerge o cidadão raramente são aprendidas nesse ambiente desestruturado.

A escola, por sua vez, que classicamente é identificada como a instituição da socialização secundária (instituição valorizada por Durkheim, como aquela onde necessariamente se instala a superação do desejo egoísta – através da disciplina – para inserção na sociedade de valores e altruísmo), também sofreu seus reveses. A estrutura racional dos currículos e administração das escolas de ensino fundamental e médio, reforçada com a legislação de 1971, apartou essa instituição da dinâmica social real. A cultura escolar foi, e ainda permanece em grande medida, articulada na crença de uma missão civilizatória. Em outras palavras, a escola formaria – a despeito dos erros do mundo externo – um cidadão idealizado. Os currículos escolares, desde Bobbitt (autor norte-americano que influenciou as políticas educacionais oficiais até o pós-Guerra), deveriam criar hábitos sociais de uma sociedade moderna e industrial florescente.

Na prática, as escolas ficaram segregadas e pouco dialogaram com o mundo real. O advento do Exame Vestibular radicalizou ainda mais essa separação entre a educação formal das escolas e as demandas sociais.

Então, onde o jovem aprende nos dias de hoje? Estudos recentes na Europa revelam que a maioria dos jovens aprende e define sua conduta a partir de seu "grupo de iguais" (SHORTER, 1995), formando uma subcultura ou linguagem da adolescência. Segundo Shorter

> As gerações não estão "em conflito" nem é provável que o jovem típico se encontre a fervilhar de raiva dirigida à mãe e ao pai. [...] A verdadeira descontinuidade é mais sutil, embora não menos aguda. Há já um século que, na Europa, e é possível que há mais tempo na América do Norte, a família nuclear tem vindo a guardar seus filhos até eles saírem do ninho, tirando da comunidade o papel de os formar [...]. Hoje, o grupo dos iguais está novamente a assumir a tarefa de socialização dos adolescentes; e, à

> medida que as crianças se deslocam para a puberdade, as idéias dos pais acerca do bem e do mal, do certo e do errado e de qual o lado que deve ficar para cima tornam-se para elas cada vez mais irrelevantes. [...] Num estudo comparativo da América e Dinamarca, perguntou-se a adolescentes entre quatorze e dezoito anos a quem pediriam opinião para várias coisas. Em ambos os países, o conselho dos iguais sobre as leituras era mais importante que o dos pais [...] os jovens dinamarqueses obtêm muitos mais conselhos úteis dos iguais do que dos pais no campo dos valores e dos problemas pessoais. (SHORTER, 1995, p. 228 e 291)

Estamos, portanto, num momento de transição social, no qual os canais institucionais de socialização dos jovens – assim como os canais institucionais de participação política dos adultos – parecem em profunda crise.

Uma nova escola que promova e acolha o protagonismo juvenil

Miguel Arroyo, em seu livro *Imagens quebradas* (ARROYO, 2004), sugere que os professores, em sua maioria, não compreendem o atual perfil das crianças e adolescentes e sentem ainda mais insegurança sobre como lidar com esse novo perfil.

Essa situação dramática é ilustrada por Arroyo com uma listagem de frases que coletou quando da preparação de seu livro. Frases de professores que revelam um desencontro com sua razão de ser, tais como:

- Os alunos não são mais os mesmos.
- Os adolescentes passaram a ocupar a escola. Falamos deles nos recreios, habitam nossas cabeças, nossos medos. Alguns chegam dóceis e nos cativam. Outros chegam sem pedir licença.
- Tenho desencanto com a indisciplina na sala de aula.
- A presença deles me incomoda.

A última frase é a mais desconcertante. A presença do aluno incomoda o professor que se abre para revelar a angústia de trabalhar com um estranho.

O autor sugere que o ponto central para retomarmos a relação afetiva e efetiva de formação de jovens é a compreensão que a inocência idealizada por muitos professores foi destruída pela modernidade. Crianças e adolescentes deixaram de ser ingênuos e passaram a adotar atitudes racionais e objetivas. Não apenas motivados pelo abandono familiar, mas ainda pelo aumento da disputa social e pelos exercícios diários provocados por jogos eletrônicos e pela lógica matemática e objetiva dos programas de computador.

A causa da objetividade infanto-juvenil é justamente a passagem da situação de protegidos para o de abandonados. Daí a agregação, a formação de tribos de autodefesa e de criação de um ambiente de acolhida. Não é qualquer sentimento de abandono que estamos tratando. É um sentimento envolvido num ambiente de alta competitividade, falta de perspectiva ou segurança profissional (no Brasil, ao redor de 50% dos jovens entre 15 e 24 anos de idade que procuram emprego não logram nenhum sucesso) e um avassalador apelo de marketing. Uma combinação explosiva que gera angústia e ressentimento. Afinal, o jovem é convidado a consumir em profusão e não consegue projetar-se além desse momento. Muitas vezes, pais submersos na sua rotina de trabalho premiam seus filhos abandonados com presentes que nem mesmo foram desejados por seus filhos. Destroem, sem saber, a capacidade de planejamento para a conquista do objeto desejado, aumentando a angústia e a falta de perspectiva. Em outras situações, a ânsia para que os filhos não sofram tanto com a pressão insuportável por qualificações profissionais gera uma agenda totalmente inadequada à criança ou pré-adolescente, recheada de cursos, aulas de reforço, atividades competitivas, enfim, a antecipação do mundo do trabalho adulto.

Não por outro motivo, os professores sentem na pele os mecanismos de defesa infanto-juvenis. Seus alunos são mais arrogantes e questionam toda e qualquer autoridade. Não são todos, é verdade. Alguns se tornam apáticos, e o silêncio revela um grande desencanto com o que os cerca. Fecham-se numa ideologia da intimidade, onde poucos têm espaço.

Muitas vezes, a lógica tribal leva-os à condição de viajantes noturnos, vagueando por ruas, por *lan houses* ou pelo mundo surpreendente da internet.

Arroyo destaca que tal comportamento se aproxima das respostas típicas das minorias sociais, o que dificulta a diferenciação do que é indisciplina e o que é comportamento não esperado pelo professor e pelo adulto.

Trata-se, muitas vezes, de um sentimento de ameaça iminente.

Mas façamos um esforço para entender seu mundo e o mundo escolar. Somente assim poderemos compreender a possibilidade da construção do protagonismo juvenil.

Comecemos pelo espaço escolar.

A crise da família nuclear impele à sociedade recriar instituições públicas (não necessariamente estatais) que gere situações de aprendizagem para o convívio social. Hannah Arendt afirmava, afinal, que o papel da educação é humanizar os homens. Não nascemos humanos, mas, à medida que enfrentamos dilemas sociais e nos socializamos na aventura humana (transmitida pela linguagem: a dança, a música, a pintura, o teatro, a literatura, a performance), vamos nos identificando e partilhando a humanidade. Esse seria o principal papel da educação.

Entretanto, há pouco sugerimos que o adolescente exige um projeto pedagógico, porque ele é portador de uma fase peculiar de desenvolvimento, tanto emocional quanto físico ou mesmo social.

Assim, a escola, como aparelho público voltado para a educação e a socialização dos homens, para assumir a tarefa de promover o protagonismo juvenil, deveria organizar-se valendo-se de duas referências: a) a elaboração de projetos pedagógicos centrados no acompanhamento e na peculiaridade do adolescente e; b) construir espaços que promovam a prática política, da explicitação das dúvidas e negociação de interesses e desejos.

As duas referências destacadas sugerem profunda superação da cultura escolar vigente, voltada para **resultados** e **padrões**. A escola taylorista que emergiu no final do século XIX, nos EUA, e que orientou as políticas educacionais oficiais do Brasil até os anos 70 do século XX, tinha como referência a formação e a consolidação do mundo urbano e industrial.

O currículo passou a privilegiar o aprendizado à obediência e à disciplina fabril, e os conteúdos conceituais privilegiaram as ciências industriais (Matemática, Física, Química e Biologia). No ideário taylorista, o trabalhador deveria assumir um padrão de conduta e de saber muito específico: tanto o operário (que não deveria pensar, o "homem-boi") quanto o gerente-diretor da empresa (que planejava, mas não deveria executar) perseguiam esse padrão determinado e se enquadravam nele. As escolas, como locais dessa produção de comportamento social, vincularam-se rapidamente à busca do padrão urbano-industrial taylorista. Por esse motivo, ignoraram, ao longo de décadas, os saberes comunitários, os desejos e as peculiaridades dos alunos, já que sua função era moldar o homem moderno. Daí a estrutura arquitetônica fechada e retangular, os espaços funcionalmente divididos, os tempos racionalmente definidos e organizados, os currículos desenhados do primeiro ao último dia de aula, os recursos pedagógicos que definiam todos os conteúdos (mesmo antes de se conhecer o perfil do aluno), os padrões de avaliação rígidos (em escala, tendo como referência o padrão de homem urbano-industrial, seus saberes e comportamento). A escola taylorista, enfim, é um equipamento fechado, não aberto aos dilemas públicos, à vida real do aluno. Afinal, estaria a serviço de um mundo a construir.

Essa breve síntese do projeto educacional e escolar que permeou os projetos educacionais oficiais durante décadas em nosso país sugere a ausência de condições para o desenvolvimento e a promoção do protagonismo juvenil.

Primeiro, porque não dialoga com a peculiaridade do mundo juvenil. Não dialoga com situações heterogêneas, com as dúvidas, com os desejos, com o mundo dos conflitos e das relações sociais.

Segundo, porque não se sustenta a partir de situações de aprendizagem da prática política e social. Não há lugar para situações em que o jovem fale sobre si, em que temas sociais e pessoais são debatidos, não consegue articular o espaço escolar com o mundo extramuro.

Não por outro motivo que a pesquisa "A Voz das Crianças" revelou que somente 8% das crianças e dos adolescentes entrevistados disseram ir à escola por prazer.

Uma escola aberta e promotora do protagonismo juvenil a relação entre alunos e professores e entre a escola e a comunidade, justamente porque abre espaço para os temas da vida dos alunos e da comunidade. Questões relativas à subjetividade, à personalidade dos alunos, à cultura e aos projetos utópicos ganham relevância na estrutura curricular.

Por seu turno, os espaços escolares se reestruturam e são ampliados porque é a vivência concreta da sistematização das experiências e dilemas dos jovens e seu confronto com os dilemas sociais que criam situações de aprendizagem para o exercício da cidadania. O espaço da sala de aula torna-se insuficiente. É necessário que sejam construídos projetos de solidariedade comunitária que, por sua vez, tornam-se temas de debate e sistematização entre alunos.

Então, a nova escola que emerge com base no projeto de promoção do protagonismo juvenil pode assumir os contornos de uma nova institucionalidade pública, que responda à crise atual das instituições modernas.

A experiência do Orçamento Participativo constitui o cenário ideal para a experiência de construção dessa nova escola, possibilitando a ampliação da estrutura curricular (para além de temas transversais predefinidos e estáticos), a articulação entre escola-comunidade e a emergência de situações de aprendizagem concretas da prática política.

Nesse ponto, Maria Eleonora D. Lemos Rabêllo observa a necessidade de estabelecermos um projeto pedagógico marcado pelo diálogo com o jovem. O primeiro passo seria a descoberta de como acontece a aprendizagem do jovem. Uma das características dos grupos de jovens e adolescentes, segundo a autora,

> é que ele gosta de ser desafiado quando está aprendendo. Aprendem quando são desafiados a participar de experiências significativas. Nos adultos acontece um processo diferente: primeiro eles identificam os problemas para depois tentar resolvê-los por comparação com experiências anteriores. Os jovens, ao contrário, sentem necessidade de vivenciar os problemas para depois buscar-lhes a solução. De forma que a melhor maneira de tornar a aprendizagem interessante para o jovem é propondo que identifiquem e depois tentem resolver os problemas. O primeiro passo é identificar por quais temas os jovens têm mais interesses, quer de natureza informativa e ou reflexiva. (RABÊLLO)

Num esforço de síntese, o desenvolvimento de projetos voltados para a promoção do protagonismo juvenil exige a construção de outra institucionalidade pública (que o acolha e que promova seu desenvolvimento social), a elaboração de um projeto pedagógico que parta da peculiaridade do processo de desenvolvimento do adolescente e que amplie a noção de tempos e espaços de aprendizagem, além da necessária identificação dos temas de interesse pessoal e social dos jovens.

Chegamos, então, na necessidade de olharmos a lógica infanto-juvenil deste início de século XXI.

Temas e dilemas do jovem brasileiro

Em virtude do estado de "moratória" em que se encontra o jovem, esse é o segmento social mais vulnerável à crise de instituições modernas analisadas no início deste texto.

Assim, é necessário destacar as questões que atingem mais duramente os jovens brasileiros, na busca da montagem de uma pauta que oriente a construção de projetos de promoção do protagonismo juvenil. Não há como ser protagonista numa sociedade que nega seus direitos e onde as condições de sobrevivência e autonomia são extremamente limitadas.

A definição de temas e dilemas que constituem essa *pauta de referência* cumpre ainda outra função. Através dela é possível perceber que os projetos que envolvam os jovens são, necessariamente, interdisciplinares. Sua elaboração e gestão implicam ainda a superação dos *gestores de programas ou projetos setoriais* na direção de **gestores públicos**, cujo foco é a comunidade e o cidadão, e não as metas setoriais ou dinâmicas administrativas da estrutura burocrática. Do ponto de vista pedagógico, o movimento supera a lógica matricial do divórcio entre disciplinas e matérias, além do foco do processo educacional no espaço da sala de aula, para a instalação da lógica interdisciplinar, onde as disciplinas planejam conjuntamente, e a abertura dos espaços de educação para além dos muros da escola. Com efeito, quando a comunidade ou o cidadão é o foco da ação pública – e não a sua demanda específica – não há como atendê-los de maneira segmentada, justamente porque as condições concretas de vida de uma comunidade são determinadas por sua ação política, pelo acesso aos bens culturais e de promoção social, pela estrutura do mercado de trabalho, e assim por diante.

Novamente, o novo equipamento público que promoverá o protagonismo juvenil necessita integrar programas, secretarias, numa estrutura interdisciplinar.

Vejamos, portanto, ainda que sinteticamente, uma possível pauta que subsidiaria projetos de promoção do protagonismo juvenil:

a) Violência

Segundo a pesquisa "A Voz das Crianças", 43% das crianças e dos adolescentes da América Latina se sentem inseguros no lugar onde vivem.

Em estudo realizado pelo IBGE, tomando-se por base dados coletados entre 1980 e 2001, as mortes causadas por violência diminuem consideravelmente a expectativa de vida dos brasileiros. No caso dos homens, tal fenômeno reduz em 2,4 anos a expectativa de vida. Foi registrado, no período entre 1980 e 2002, um total de 696.056 óbitos por homicídios no Brasil. Crianças e adolescentes de até 19 anos correspondem a 16% (110.320) desse total. Esse números são os mais alarmantes que existem no mundo, entre os países que não enfrentam guerras internas. É o que diz o detalhado relatório de 312 páginas lançado em novembro pelo *Núcleo de Estudos de Violência (NEV) da USP*. O trabalho "Homicídios de Crianças e Jovens no Brasil: 1980-2002" traça o panorama desses homicídios e a forma como essa violência atingiu esse grupo no período.

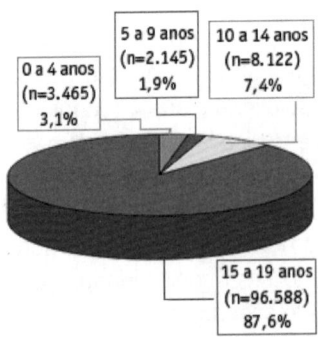

As maiores vítimas de homicídios entre crianças e adolescentes encontram-se na faixa etária de 15 a 19 anos, grupo que concentra 87,6% (96.588) dos casos. E cerca de 5% (5.610) referem-se a crianças com até nove anos de idade.

Vários estudos sugerem que a violência não possui correspondência com renda ou taxa de desemprego. (SAPORI; WANDERLEY, 2001).

O fenômeno da violência contra jovens é internacional. Nos EUA, apenas 27% das mortes de jovens entre 10 e 19 anos possuem causas naturais. Entre 1985 e 1991, 90% dos assassinatos de jovens nessa faixa etária envolveram arma de fogo (aumento de 154% no período).

No caso das ações violentas cujos autores são adolescentes, o principal fator desencadeador é o uso de drogas, como revelam pesquisas recentes sobre o sistema de atendimento ao adolescente autor de ato infracional[4]. Por sua vez, a motivação ao uso de drogas é o sentimento de abandono familiar. Lembremos que a porta de entrada para uso de drogas pesadas entre jovens é a cerveja, muitas vezes incentivada pelos pais dos usuários.

b) Ausência de perspectiva (desemprego juvenil e dificuldade de acesso à educação)

Apenas 33% dos adolescentes de 15 a 19 anos freqüentam o ensino secundário, impelindo-os para o mercado informal e a condições precárias de trabalho.

Os jovens, nessa faixa etária, são os mais atingidos pelo desemprego dos últimos cinco anos. Em virtude da pouca experiência profissional e da redução dos postos de trabalho, 50% dos jovens entre 15 e 24 anos de idade que procuram emprego atualmente não conseguem lograr qualquer intento, revelando-se o segmento social mais vulnerável ao fenômeno.

Um mercado flexível, que exige experiência e capacidade de tomada de decisões diárias, criatividade e capacidade de trabalho em equipe, além de inovações que duram (dependendo do segmento econômico) entre 3 e 6 meses, exige uma alta *performance* profissional e um cabedal de informações e formação técnica que o jovem não possui.

Daí a integração de diversas iniciativas educacionais, desde retardando o ingresso do jovem no mercado de trabalho (aumentando o tempo do ensino médio), criando um arrojado programa de Primeiro Emprego, passando pela construção de Empresas Juniores, ações de integração comunitária até mesmo projetos integrados que atendam e acompanhem desde o

---

[4] Este é o caso de pesquisa realizada pelo Instituto Lumen (PUC-Minas) e a ONG Amencar sobre o sistema mineiro de atendimento ao adolescente autor de ato infracional, no final dos anos 90 e início deste século.

nascimento até o primeiro emprego do jovem, através de um cartão cidadania jovem.

c) Sexualidade, saúde e gravidez precoce

Segundo dados do Ministério da Saúde, a idade de iniciação sexual vem diminuindo nos últimos dez anos. Uma das conseqüências perversas dessa realidade é o aumento de disseminação do vírus HIV entre as jovens com 13 a 19 anos de idade em nosso país. Em 2000, 56% dos casos envolviam esse segmento social.

Outra conseqüência que atinge brutalmente os jovens é a gravidez precoce. Jovens entre 14 e 19 anos apresentam o maior crescimento do índice de gravidez nos grandes centros urbanos do País. Todas as outras faixas etárias apresentam declínio do índice desde 1980.

A ausência de diálogo sobre o assunto é apontada nos estudos especializados como principal causa da gravidez precoce. Em outras palavras, a causa é a desinformação. Nos EUA 64% das jovens grávidas precocemente informaram que nunca haviam discutido sobre métodos anticoncepcionais na família. Naquele país, 10% das meninas entre 15 e 19 anos engravidam todos os anos. (PAPALIA; OLDS, 2000, p. 350-351).

A coordenação do programa DST-AIDS, do Ministério da Saúde de nosso país, avalia que o ingresso precoce na vida sexual das jovens deve ser associado ao abandono de preservativos após a estabilização do relacionamento amoroso como perfil de comportamento.

O OP Criança como uma das soluções

Há, contudo, inúmeras experiências recentes em nosso país que procuram responder aos diversos problemas destacados acima e enfrentá-los.

Esse é o caso do trabalho desenvolvido pelo grupo instrumental Uakti, que envolve jovens do Triângulo Mineiro e Nordeste do País. O grupo recuperou instrumentos musicais regionais, orientou sua fabricação e desenvolveu projetos musicais com jovens. Ao redor de 60 jovens da Favela da Maré, e com o apoio do coreógrafo Ivaldo Bertazzo, eles se apresentam nos espetáculos do grupo Uakti no Rio de Janeiro e em São Paulo, cujo título é **Dança das Marés**.

Na favela da Rocinha, no Rio de Janeiro, um **coral de cantores mirins** lançou um CD, apoiado pelo compositor João Bosco.

Na mesma linha de atuação, professores da Baixada Fluminense criaram uma escola de arte envolvendo jovens. A arte, como afirma a artista plástica Maria Helena Andrés, atua sobre as emoções e a sensibilidade humana, tornando o crescimento dos jovens um processo universal. Estudos recentes revelam até que projetos de arte e lazer são os mais eficazes na ressocialização de jovens autores de atos violentos.

No campo educacional, vale destacar as experiências de São Bernardo do Campo (SP). Um conjunto de ações integradas gerou um dos projetos públicos mais férteis e inovadores na promoção do protagonismo juvenil. Cito alguns: **Tira Dúvidas**, em que um médico-visitante de uma escola pública discute temas relacionados com sexualidade (os temas são retirados de uma caixa fechada onde os alunos colocam papéis dobrados com o tema que desejam debater); **Mix Esportes Radicais**, no qual, ao longo de um dia, jovens do município apresentam grupos de música (*rock* ou *hip-hop*) e desenvolvem esportes radicais (alpinismo, *bike*, *skate*); **Sons da Juventude,** em que as escolas municipais, uma vez por mês, abrem-se para a realização de apresentações musicais de jovens, das 18 às 22 horas.

Em Belo Horizonte, a ONG Oficina de Imagens[5] desenvolve vários projetos voltados para o protagonismo juvenil: **Latanet**, um projeto em que jovens desenvolvem equipamentos óticos para registrar e discutir sua realidade social: da câmera escura até a utilização da internet e o **Programa Prevenção à Violência Sexual Infanto-juvenil**, no qual monitores promovem

---

[5] Ver site <http:// www.oficinadeimagens.org.br> .

discussões sobre o ECA com vários adolescentes de escolas públicas e privadas. Este projeto possui três fases: a) reflexão e discussão sobre o ECA e sexualidade (oficinas de vídeo, site e jornal); b) montagem de ações comunitárias; c) execução de projetos de intervenção a partir dos produtos que os próprios jovens produziram.

Mas é o OP Criança a iniciativa mais ousada. Essa experiência, realizada em Recife, São Paulo, Rio das Ostras, Icapuí, Goiânia, Barra Mansa, pode ser sintetizada como um projeto pedagógico para a formação moral ou para a cidadania.

Nas próximas páginas deste livro, o leitor terá uma noção global da concepção pedagógica, das metodologias e dos instrumentos deste programa, das fases e etapas de sua implantação e ainda terá em mãos um texto literário, voltado para leitores infanto-juvenis, elaborado pela pedagoga Michelle Nunes Matos.

Como os capítulos que se seguem detalham todos os procedimentos do OP Criança, vou me limitar a encerrar este capítulo apresentação, indicando o que este programa não se propõe a ser.

O OP Criança não é um programa de formação política. Se fosse, jogaria por terra todos os estudos sobre desenvolvimento humano que foram desenvolvidos nos últimos oitenta anos. A passagem da heteronomia à autonomia não se faz por mera vontade de adultos, mas por um complexo e não linear processo de desenvolvimento, que transita entre o respeito às regras à própria construção de regras, caminhando para a formulação da noção de justiça. Intenções generosas mas desprovidas de concepção pedagógica fundamentada criam adultos mirins, que expressam o desejo dos adultos, reproduzindo jargões e comportamentos que brilham os olhos de quem os vê, mas empobrecem o futuro das crianças. O OP Criança é formação para a construção gradativa da autonomia, respeitando os tempos humanos.

O OP Criança não é um programa espontaneísta. Se fosse, não teria intenção pedagógica, não buscaria orientar, não teria a responsabilidade nos ombros dos adultos que o conduzem. É, sem dúvida, um programa que procura criar outra dinâmica urbana. O psicólogo italiano Francesco Tonucci sugere que criemos "Cidades das Crianças", onde os adultos que governam as cidades tenham escuta e olhar para os desejos e as angústias infanto-juvenis. Vai mais longe e propõe a criação de "Comitês de Crianças", que são consultados por engenheiros quando da construção de grandes obras urbanas, para se informarem sobre erros arquitetônicos e sociais, que desconsideram a realidade não adulta das crianças e dos adolescentes. Centenas de municípios italianos, espanhóis e argentinos participam dessa rede de criação de Cidades das Crianças. Não se trata de apenas atender demandas, mas de ensinar a produzi-las, a pensá-las, a confrontá-las com a realidade e as condições reais de realização. Trata-se de ensinar a respeitar a opinião alheia, a olhar a cidade como espaço múltiplo e não conhecido, de pensar a partir da coletividade. É um programa de formação moral.

O OP Criança não é mais uma disciplina. Se fosse, estaria se divorciando da sala de aula. O OP Criança é elemento articulador das disciplinas tradicionais ministradas em sala de aula. Cria uma situação de contato da sala de aula e da aula rotineira com o mundo e o pensamento das crianças, dialoga com as tribos e relaciona teoria à prática. Também desenvolve conteúdos procedimentais, de pesquisa, de construção lógica de outros conhecimentos, conhecimentos construídos coletivamente, pelo diálogo e pelo estudo. O OP Criança é pesquisa interdisciplinar.

O OP Criança é um projeto educacional. Não é uma experimentação porque já revelou seus frutos. Mas não é um modelo porque é reconstruído a cada nova experiência. Justamente porque crianças e adolescentes são únicos. São ousados pela sua própria natureza. São mais que criativos. E dificilmente se contentam com rotinas.

Assim, é uma experiência que procura educar e ensinar aos nossos alunos, mas que acaba educando e ensinando os adultos.

O que é OP Criança?

Os adultos nunca compreendem por si sós, e as crianças se cansam quando precisam explicar-lhes tudo, todas as vezes.

Antoine de Saint-Exupéry

Quando nos tornamos adultos, esquecemos que fomos crianças. E esse é o motivo maior para que as crianças recordem aos adultos que se tornaram importantes – como seus pais, professores, o prefeito, o governador, o presidente da República – e que é necessário repensar a realidade, a partir dos problemas e das necessidades da infância.

É muito importante percebermos que as crianças não expressam seus desejos, mas aqueles que os adultos sugerem e, por esse motivo, é comum não conseguirmos ouvir as perguntas que elas fazem ao mundo ou a expressão verdadeira de suas necessidades e sonhos de futuro.

A palavra é poder, ensinou Paulo Freire. Dar a palavra às crianças não é, simplesmente, fazer-lhes questionamentos, dar voz àquela que levantou a mão primeiro, para que dêem respostas impensadas, para que acirrem competições ou perpetuem-se sempre os mesmos oradores. Conceder a palavra a uma criança é dar a ela condições de se expressar, e isso significa permitir que ela possa pensar sobre coisas que conhece concretamente, coisas que fazem parte e têm sentido em sua vida. Crianças não podem expressar opinião sobre problemas nos países do Oriente Médio, mas podem dizer sobre a vida em seu bairro, em sua cidade e sobre sua própria vida.

É essencial que as crianças estejam envolvidas em questões sobre as quais todas elas tenham algo a dizer, e não apenas algumas.

Pedir que as crianças opinem, posicionem-se, é algo que deve ser feito sem pressa, em condições adequadas, sem rigidez de controle, para que elas se sintam à vontade para errar, emitir opiniões despreocupadas e autênticas, até mesmo escolhendo o meio mais adequado para fazê-lo – a palavra, o desenho, o teatro, o filme, a escultura.

LINGUAGEM E PENSAMENTO INFANTIL

Segundo o pensamento de Lev Vygotsky, a experiência da linguagem das crianças é social desde o seu início. As primeiras palavras das crianças, por exemplo, são atos comunicativos mediando as interações com as pessoas que as cercam. Existe uma progressão da fala social e comunicativa para o diálogo interno, em que o pensamento e a linguagem estão interconectados. A linguagem permite que o pensamento seja individual e social concomitantemente. Cada faixa etária possui uma linguagem própria, adequada e específica.

O Orçamento Participativo Criança pode ser trabalhado com várias faixas de idade, desde que a linguagem infantil seja respeitada, e atividades sejam adaptadas e/ou reformuladas.

Mas, para que a criança tenha o desejo de se expressar, é fundamental que o adulto saiba ouvir e se disponha a fazê-lo. Não ouvir naquele sentido de captar os sons, mas ouvir pelo desejo de compreendê-la, de valorizar suas palavras. Todas as crianças falam, mas os adultos, muitas vezes, não são capazes de ouvi-las e compreendê-las.

Este adulto que sabe ouvir faz perguntas às crianças porque acredita que elas podem ajudá-lo. E é nesse momento que a palavra deixa de ser um direito e passa a ser um dever, deixa de ser um instrumento para a defesa de interesses individuais e passa a ser um caminho para a construção de outra realidade coletiva.

É urgente assumir que precisamos das crianças e reconhecer que elas são capazes de dar opiniões, idéias, fazer propostas úteis, capazes de ajudar os adultos na solução de problemas.

Essa é a maneira correta de o mundo adulto se relacionar com a infância: cidadãos adultos ouvindo os pequenos cidadãos. Caso contrário, poderemos sempre presentear as crianças, passar momentos maravilhosos com elas, mas estaremos sempre reforçando equivocadamente a idéia de *cidadãos do futuro*, nunca do presente.

O que é OP Criança?

> *Nesta vida pode-se aprender três coisas de uma criança: estar sempre alegre, nunca ficar inativo e chorar com força por tudo que se quer.*
> Paulo Leminsk

No Brasil, as experiências de democracia participativa são contemporâneas às da luta pelo reconhecimento dos direitos e da cidadania da infância e da juventude. A aprovação do Estatuto da Criança e Adolescente (ECA) e da Convenção Internacional dos Direitos da Criança da ONU são contemporâneos à implantação das experiências de democracia participativa em governos locais. Por isso, houve grande avanço na compreensão de setores democráticos e progressistas da sociedade a respeito da condição de crianças e adolescentes.

O Orçamento Participativo Criança é a concretização, no plano da gestão participativa local, de um projeto de articulação do mundo infanto-juvenil com o mundo adulto.

O OP Criança tem como diretriz básica a tomada de decisões sobre políticas, obras e serviços prestados pelo governo local, constituindo, assim, uma das esferas de participação cidadã na cidade.

É um projeto pedagógico com ênfase na socialização, na promoção do protagonismo infanto-juvenil, apoiado no acompanhamento e nas peculiaridades da infância e da adolescência, com o objetivo de construir espaços de promoção da prática política.

O projeto se apóia numa concepção de infância diferente daquela tradicional. Entra em cena e ganha espaço a concepção de infância e adolescência como o segmento que constitui o universo da cidadania.

É um método pedagógico de educação e de cidadania, além de um exercício ativo e cotidiano de direitos, um aprendizado direto e uma experiência de conhecimento e reconhecimento da realidade que se apóia nas experiências vividas e constitui fonte de ferramentas para a vida. O OP Criança incentiva e apóia a transformação da infância em sujeito na gestão de políticas públicas.

O OP Criança se fundamenta na esperança de que há outras formas de constituir nossa realidade, acreditando que outro mundo é possível. O que se deseja é que as crianças e os adolescentes tomem parte nas decisões e se sintam responsáveis pela escola, pela cidade, pelo país e pelo mundo em que vivem, pertencentes a esses espaços e com possibilidades reais de nele viver plenamente.

Trata-se da mobilização de crianças e adolescentes para contribuir na formulação de políticas públicas estatais que direcionem os recursos públicos para a construção de uma sociedade mais justa e democrática.

É na escola que as crianças e os adolescentes vão concretizar o Orçamento Participativo Criança. E é por esse motivo que a escola deve reorganizar suas ações e se preparar para a formação para a cidadania e pela cidadania.

O protagonismo infanto-juvenil se dá com o apoio de educadores, educadoras e adultos. O OP Criança reconhece crianças e adolescentes como sujeitos de direitos, como cidadãos, a partir da valorização de suas construções cotidianas. Para que a vivência desse protagonismo aconteça, é necessário que os educadores sejam protagonistas também. Por isso é preciso que a escola trabalhe para superar sua vocação autoritária, criando condições para que a cidadania e a democracia se materializem em seu cotidiano. É necessária uma nova educação, que pense a criança, a juventude, a escola, a cidade, através da perspectiva cidadã.

O OP Criança deseja trabalhar o sonho. Este projeto busca alimentar a esperança e criar oportunidades para que crianças e adolescentes criem estratégias para viabilizar, concretamente, projetos com as quais sonham, desde os mais pessoais, até os de alcance coletivo. É espaço para refletir sobre a educação que recebem, o bairro e a cidade onde vivem.

Para isso, as crianças e os adolescentes precisam aprender a criticar, a propor, a se comprometer, a avaliar, a planejar e a replanejar, e isso deve ser feito nas pequenas ações do dia-a-dia.

ESQUEMA SÍNTESE DO OP CRIANÇA

NA ESCOLA

Formação das crianças e dos adolescentes para a decisão coletiva e para o trabalho com pesquisa e diagnóstico

PESQUISA DO AMBIENTE ESCOLAR E MONTAGEM DE DIAGNÓSTICO

Definição de prioridades, elaboração de propostas, votação de delegados e propostas de solução

PESQUISA DO ENTORNO DA ESCOLA E MONTAGEM DE DIAGNÓSTICO

Definição de prioridades, elaboração de propostas, votação de delegados e propostas

APRESENTAÇÃO DE PROPOSTAS À CÂMARA MUNICIPAL

Solenidade de entrega das propostas, em setembro, quando da discussão da Lei Orçamentária. Os alunos se dirigem à Câmara, em passeata pela cidade

Etapas do OP Criança

> *Não é mais suficiente oferecer serviços às crianças, é preciso devolver-lhes as cidades.*
>
> Romano Prodi

Como fazer com que a necessidade de formar cidadãos e cidadãs, além de investir no protagonismo das crianças e dos adolescentes, se concretize?

A proposta metodológica do OP Criança parte da formação do grupo de professores das escolas para a atuação como protagonistas de um processo democrático. É nessa formação que os professores entenderão seu papel de educadores e mediadores desse processo e compreenderão como se dá o desenvolvimento físico e moral das crianças e dos adolescentes, por meio do estudo das idéias de autores como Jean Piaget, Lawrence Kohlberg, Henri Wallon, entre outros. Em seguida, propomos uma formação para o trabalho direto com as crianças – metodologia de pesquisa em sala de aula, dinâmicas e estratégias para o trabalho com os conceitos essenciais para a participação coletiva.

Educadores instrumentalizados, é hora de mobilizar o espaço escolar para que crianças e adolescentes sejam mobilizados a participar do projeto. A partir daí, as etapas propostas são as seguintes:

Formação das crianças para a participação e a decisão coletiva

É nesse momento que os professores trabalham conceitos básicos com as crianças e os adolescentes: o que é voto, como escolher, o que é prioridade, o que é uma assembléia, um delegado ou delegada, como argumentar, ouvir, defender ou contestar as propostas.

Além disso, crianças e adolescentes trabalham metodologia de pesquisa adequada para o ensino fundamental e médio e, além de realizar pesquisas, serão formados para utilizar os dados das pesquisas na elaboração de diagnósticos.

Início do 1º Ciclo do Orçamento Participativo Criança

Durante o 1º Ciclo do OP Criança, crianças e adolescentes devem pensar sobre a escola. Cada sala e turma vai discutir as questões que pedem soluções mais urgentes no âmbito escolar, seja em relação ao espaço físico, seja em relação ao cotidiano da escola.

Isso deverá ser feito com base em um trabalho de pesquisa de cada sala/turma, no qual as crianças e os adolescentes fazem um levantamento de dados a respeito do ambiente escolar, sistematizam os dados em um diagnóstico da escola e elegem as cinco prioridades da escola, que serão votadas. Essas propostas são representadas junto à escola por um delegado e uma delegada, eleitos em cada sala/turma.

Valendo-se das informações coletadas em cada turma, toda a escola deve trabalhar na elaboração de um diagnóstico da escola, que vai servir de base para a preparação de um evento que reunirá todas as crianças. Nele, os delegados apresentam as propostas de sua turma, justificam e argumentam e, ao final desse evento, são votadas todas as propostas apresentadas e eleitas dez prioridades da escola.

Os delegados e as delegadas eleitos nas salas devem compor o grupo de alunos responsável por mobilizar recursos (oriundos da Gestão Municipal, da própria escola ou de agentes financiadores) para viabilizar a realização de uma ou mais demandas da lista de prioridades votada, além de acompanhar o processo e informar às suas salas e turmas o encaminhamento dessas ações.

2º Ciclo do Orçamento Participativo Criança

O 2º Ciclo do OP Criança é a ampliação da participação das crianças e dos adolescentes.

Basicamente, o movimento é o mesmo, mas, em vez de pensar as questões emergenciais e demandas da escola, serão analisados o entorno da escola e questões do bairro e da cidade.

O trabalho começa com uma pesquisa de campo para a coleta de informações a respeito de alguns indicadores previamente selecionados (condições ambientais, condições sociais, serviços públicos, etc.). O diagnóstico será montado com base em um mapa ou fotografia aérea da região, para que as crianças e os adolescentes indiquem as localidades que apresentam problemas mais graves em cada indicador. A observação desse mapa-diagnóstico vai definir as prioridades a ser votadas em assembléias pelas crianças e pelos adolescentes, para que se tenha, então, uma lista das dez maiores prioridades relativas à região.

São eleitos delegados para representar essas propostas numa assembléia que envolva todas as escolas da cidade.

Em um grande seminário, que reunirá todas as escolas e seus delegados, as propostas serão apresentadas, defendidas e acontecerá uma nova votação, que resultará em um documento que contenha as principais demandas das crianças e dos adolescentes para a cidade.

Apresentação das demandas

Em audiência pública, na Câmara Municipal, as crianças e os adolescentes apresentam suas demandas aos vereadores e ao prefeito, para que o município incorpore em seu planejamento e em suas ações o olhar, a opinião e os sonhos da infância e da adolescência.

OP CRIANÇA E CURRÍCULO ESCOLAR

O Orçamento Participativo Criança não consiste em um projeto pedagógico a ser realizado paralelamente às atividades escolares. Pelo contrário, deve ser trabalhado e avaliado em todas as áreas do conhecimento.

A tabela a seguir mostra como o projeto pode ser trabalhado, avaliado e incorporado ao currículo escolar.

CONTEÚDO	HABILIDADE
Língua portuguesa	• Utilizar diferentes modalidades de linguagem – oral e escrita. • Elaborar registros • Produzir textos de diferentes gêneros textuais • Transpor idéias e informações de uma linguagem para outra • Utilizar, em frases, regras básicas de concordância verbal e nominal • Interpretar criticamente o sentido ideológico ou de valor de um texto.
Matemática	• Perceber seu próprio corpo no espaço físico • Identificar critérios de classificação, seriação, ordenação e conservação de quantidade • Utilizar unidades de medida em situações cotidianas. • Utilizar estratégias para resolver situações-problema.
Geografia	• Deslocar-se em diferentes espaços, estabelecendo relações espaciais • Reconhecer o espaço de seu município • Identificar atribuições da Administração Municipal • Localizar regiões e bairros no mapa • Utilizar noções topográficas para se localizar
Ciências	• Reconhecer a dependência entre seres vivos e destes com o meio ambiente • Utilizar medidas básicas de preservação do ambiente • Identificar seu corpo no espaço através de diversas percepções • Reconhecer seu corpo como instrumento de auto-expressão e comunicação
História	• Perceber a si mesmo e suas relações sociais • Perceber a duração das atividades do seu cotidiano • Identificar suas características e de seus grupos de convivência • Perceber as diferentes necessidades dos grupos sociais do município para melhorar suas condições de vida
Conteúdos atitudinais	• Saber ouvir • Respeitar a fala e a opinião do outro • Preservar os espaços públicos • Respeitar as decisões coletivas • Comprometer-se com suas tarefas

ATIVIDADE	MESES											
	1	2	3	4	5	6	7	8	9	10	11	12
Discussão do OP Criança com as escolas municipais												
Seminário com diretores e coordenadores pedagógicos	▣											
Formação com professores												
Preparação da equipe de monitores para formação dos professores		▣	▣									
Conceito de participação e OP			▣	▣								
Conceito de desenvolvimento moral e cidadania			▣	▣								
Metodologia do OPC e projeto pedagógico das escolas			▣	▣	▣							
Elaboração das fases e metas do OPC				▣	▣							
Elaboração de material de apoio												
Manual ou orientação pedagógica do projeto		▣	▣									
Definição do fluxograma do projeto com elaboração da LDO e LOA		▣	▣									
Planilhas de registro das atividades		▣	▣									
Fase de diagnóstico escolar					▣	▣						
Sistematização do diagnóstico						▣						
Fase de diagnóstico do entorno escolar							▣	▣				
Sistematização do diagnóstico do entorno									▣			
Elaboração do mapa de problemas e soluções									▣			
Seminário Regional das Escolas e sistematização geral											▣	
Seminário Municipal												
Entrega das conclusões na Câmara Municipal												
Acompanhamento, monitoramento e avaliação												
Definição dos indicadores de avaliação				▣	▣							
Definição dos instrumentos de avaliação					▣	▣						
Execução da avaliação												
Sistematização												
Registros mensais	▣	▣	▣	▣	▣	▣	▣	▣	▣	▣	▣	▣
Pré-relatórios			▣			▣			▣			
Seminários de avaliação					▣			▣				▣
Relatório final							▣					▣

Maria e o perigoso plano do OP Criança:
um negócio de doido, véio!

Ela era Maria pura. Não era Maria Carolina, Maria Eduarda ou Maria Helena. Era Maria e só. Cabia direitinho em seus 9 anos de idade vividos com a mãe, o pai e os dois irmãos. Herdou da avó os cabelos negros cheios de cachos, da mãe os olhos cor de mel e do pai aquela pele de jambo. Era Maria Faladeira, Maria Menina, Maria Sonho, Maria Esperança.

Naquela tarde de sol escondido atrás das nuvens em forma de carneiros, locomotivas, bonecas e ursos, Maria contava as horas que faltavam para o fim das férias. Pensava nos colegas que ia rever, no cheiro da merenda da cantina, no cheiro de livro e caderno novo e sonhava com a nova professora.

Foi uma noite agitada que precedeu a manhã que custou a chegar. E Maria Alegria acordou saltitante para recomeçar, e saltitou até a escola na companhia do irmão do meio.

Tudo parecia mais colorido, mais bonito e feliz naquela manhã. Até João Vítor, a peste alienígena que nasceu quatro anos antes dela, estava mais agradável, e não tinha sofrido nenhuma mutação até então. O caminho para a escola estava cheio de crianças: algumas muito animadas, outras com uma preguiça danada. E foi em meio a essa multidão de costas cheias de mochilas penduradas que Maria chegou à escola, coração saindo pela boca, peito inflado de alegria, sorriso estampado na cara.

A professora nova aguardava na porta da sala. Tinha um sorriso engraçado, parecia criança. Usava óculos e tinha cabelos dourados, cacheados como os de Maria. Seu nome era diferente, mas soava sempre bem. E Maria, ao ganhar um beijo daquela mulher-menina tão diferente, teve a certeza de que seria um excelente ano.

Ela não era magra, nem gorda, usava saias bonitas, sandálias rasteiras ao chão, bolsas coloridas e diferentes; tinha cheiro de fruta e de flor, às vezes tinha flores nos cabelos, mas Maria não conseguia se esquecer de seu sorriso. Como era cúmplice aquele sorriso!

Todos sentados aguardavam o início da aula. Reconheciam os companheiros antigos, observavam os que nunca tinham visto. Sabiam que teriam que se apresentar e já aguardavam aquela produção de texto sobre as férias. Mas, para a surpresa de todos, a professora não quis usar esse ritual dessa vez. Todos foram convidados a sair da sala e, no meio do pátio, começaram a conversar sobre si mesmos, seus medos e desejos para aquele ano. Sem falar sobre números, acentos, respostas, deveres de casa, provas ou pontos, ela começou a falar sobre sua vida. Disse de seu prazer em estar ali, disse de como queria que aquele fosse um ano feliz para todos e disse que não seria um ano em que a Matemática, a Língua Portuguesa, a Geografia, a Ciência e a História iriam ser o mais importante.

Foi um momento de olhares surpresos se cruzando, momento de cochichos e sorrisinhos.

– Não, não! Não pensem que abandonaremos os conteúdos! – dizia ela sempre sorrindo. Apenas desejo que vocês usem os conteúdos em sua vida. Quero que aprendamos uns com os outros a construir um mundo melhor pra gente viver.

Maria ficava pensando se isso não seria tarefa para Deus, ou, no máximo, para presidentes e governadores, mas não quis discutir. O recreio chegou, depois veio a Educação Física e logo ela estava a caminho de casa, agora com um irmão muito menos gentil e muito mais enjoado.

A aula do dia seguinte contou com crianças menos elétricas e curiosas, pois já sabiam que aquele sorriso estaria lá esperando por elas e já sabiam também das piadinhas chatas que alguns colegas sempre iriam fazer. Mas foram, mais uma vez, surpreendidos. Maria se deparou com a televisão e o videocassete no meio da sala e, em vez dos livros, aprenderam naquele dia a ler a história do filme.

Maria contou para sua mãe, que fazia uma sopa para o jantar, a história daquele menino que fez uma corrente do bem. O menino do tamanho dela que fez milhares de pessoas pensarem eu um mundo melhor e como ela havia se emocionado com a história dele. Sua mãe não estava interessada no menino; pensava mesmo era por que a professora não começava a usar livros e cadernos e passava o dia vendo filme com as crianças. Isso para ela não era aula, mas para Maria foi o assunto que mais a fez pensar desde quando aprendeu a ler as letras e os números.

Ia ser mesmo um ano diferente. Na aula do dia seguinte, cheirando flor de laranjeira, a professora explicou que todas as crianças deveriam fazer um projeto. Maria nunca tinha feito um projeto... Estava ansiosa para saber que coisa era essa.

– Assim como Kevin, o menino do filme, vocês terão que pensar uma maneira de tornar a vida em nossa cidade melhor. Vocês vão pensar, colocar suas idéias em prática, e eu avaliarei cada projeto de vocês em todas as disciplinas. Vocês terão o ano todo para fazer isso, mas não vale copiar a idéia do Kevin. E, para ajudar vocês, cada um vai receber um livro que vai fazer vocês pensarem sobre o assunto.

A sensação era de chiclete velho e quente grudado na sola do sapato: por mais que quisesse, Maria não conseguia parar de pensar no que poderia fazer. E, naquela noite, Maria Pensadora decidiu começar a ler o "tal livro que vai ajudar" e anotar as idéias que pudesse ter no seu caderninho especial de folhas coloridas com borboletas e estrelas.

Os lápis de cor na misteriosa história do mundo assim assado*

Danilo Padrão

Certa vez, no fundo do baú de brinquedos, havia uma caixa de lápis de cor. Estava lá fazia muito tempo, e dentro dela estavam dez lápis de cor novinhos. Todos eles de madeira, todos eles arredondadinhos, todos praticamente iguais... só tinham uma diferença: cada um em sua cor.

No baú havia muitos brinquedos diferentes e de tanto mexe remexe, tira e retira, a caixa dos lápis era jogada de um lado para o outro e cada vez se abria mais... e os lápis sacudiam de cá pra lá, de lá pra cá gritando: "ÔÔÔÔÔÔ, NÃO EMPURRA!!! OLHA AÍ... CUIDADO!!!"

Até que aconteceu o acontecido: a caixa, junto com a casa de bonecas e algumas folhas de papel, foram tiradas do baú. Mas surpresa foi saber que as cores e o papel saíram por engano e logo desprezadas, coitadas, caíram em um canto do grande quarto de brinquedos. A caixa abriu-se, e todos os lápis espalharam-se, rolando descoordenados sobre uma folha de papel branca feito a lã do mais limpo carneirinho.

Vendo ali aquela folha branquinha, os lápis de cor sentiram que aquela poderia ser a única oportunidade de fazer aquilo que sempre quiseram e o que foram criados para fazer: COLORIR. Era uma vontade de criar, de colocar ali naquele papel tudo que guardavam nas idéias. Eram muitas as idéias, coloridas e divertidas, que passeavam e cresciam nas cabecinhas dos lápis. Toda essa tempestade desenhativa era o que eles queriam colocar ali naquele pedaço de papel.

Eis que então todos eles já começavam a partir para o trabalho quando surgiu uma dúvida: "Como é que começamos??? São tantas as coisas que podemos colocar aqui. O que será mais gostoso de fazer primeiro???"

Eram mesmo todos iguais: nenhum deles havia participado de um desenho antes. Não tinham ainda experimentado a mágica sensação de marcar o papel com aquela ponta ali da cabeça. Não sabiam como era riscar de pensamentos aquele chão tão branquinho e ver a imaginação virando a realidade.

---

* Texto gentilmente cedido pelo autor Danilo Santiago Campos Padrão. Todos direitos reservados.

Maria pegou no sono logo que terminou de ler essas páginas. Sentia-se como um dos lápis de cor, sem saber por onde começar, sem ter tentado mudar o mundo antes, sem ter pensado na vida dos outros, sem saber o que seria melhor fazer primeiro. Afinal, o mundo tem problemas demais... e ela era apenas uma menina sonolenta de nove anos.

O dia começou mais cedo. Maria acordou e resolveu anotar seus pensamentos da noite anterior:

Por onde começarei?

Acho que é mais fácil pensar como fazer meu país melhor (meu país é menor que o mundo). Mas, para eu fazer sozinha, é melhor alguma coisa menor... talvez a cidade. Vou perguntar aos meus colegas e à professora.

A aula naquele dia foi uma tremenda confusão. A professora resolveu deixar as crianças apresentarem suas idéias iniciais e, em vez de fazer isso, cada uma que ficava de pé tentava convencer as outras de que sua idéia era melhor e ia resolver melhor os problemas do mundo. Maria não falou naquele momento nem em muitos outros que se seguiram durante quase um mês entre as aulas de Geografia, os cartazes de Ciências, os gráficos de Matemática, os poemas de Língua Portuguesa e o livro de História. Continuava a leitura de seu livro todas as noites e tomava notas para não esquecer seus pensamentos importantes.

O que se deu em seguida foi o mais inesperado possível; talvez por serem tão iguais resolveram saber logo em que eram diferentes. Sendo assim, cada qual se encheu de peito e partiu num longo discurso em defesa da sua cor.

Cheios de pompa e de gosto por si próprios, os lápis esqueciam o que realmente era importante; esqueciam o desenho. Falavam alto, gesticulavam, andavam de lá pra cá, feito uma ópera sem enredo, onde os atores cantam para si, e não para construir uma estória. Ninguém escutava o outro. Aliás, cada um só ouvia a si mesmo. Tudo isso para decidir quem era mais importante, quem desenhava primeiro e melhor e assim foi a conversa... Se é que podemos chamar uma discussão de lápis de cor:

Marrom – Sou eu os olhos do menino e o tronco da árvore onde tem desenhado um coração pequenino. Sou eu a cor do cavalo que bebe água no rio. Marrom é a terra que faz tudo existir. Se alguém disser que eu não sou o primeiro, dele eu vou rir. Eu primeiro!

E lá foi pronto a começar a se rabiscar. Mas, antes que chegasse a tocar o papel, foi interrompido pelo Amarelo, que argumentou:

Amarelo – Amarelo é o miolo da margarida, é o raio na chuva. São as estrelas e o Sol que no céu faz curva. O Sol forte que do alto ilumina a flor. Serei eu a prima cor.

Como pensar em algo para melhorar o mundo se as pessoas não conseguem ouvir o que as outras pessoas pensam? Preciso pensar em algo que as pessoas aprendam a OUVIR.

Antes de terminar, já se ouvia um lá de trás, que também exigia ser aquele que iniciaria o trabalho, era o Azul, que vinha de lá a esbravejar:

Azul – O céu, o rio, os lagos são todos azulados. Eu estou em todos os cantos, em qualquer lado. O azul está por toda a parte, azul representa o espaço e o ar. Me dêem licença que eu quero passar!

E quase teve uma aceitação, não fosse mais um se decidir a falar. Dessa vez era o Preto, que, com a devida seriedade, prosseguiu pausadamente como estrofes de uma música:

Preto – Mas é o preto o que contorna tudo, que dá a forma e determina o espaço. Sou quem começa o desenho, seja qual for o traço. Aquele que não entende a minha importância se engana bonito. A todos que aqui estão tenho dito!

"Realmente... ele tem razão..." ouvia-se aqui e ali quando o Branco achou que era hora de dar sua opinião e defender o seu espaço ali:

Branco – branco é o papel, o queijo minas, são as nuvens, e renda bordada da saia das meninas. São as pétalas da margarida que a pequena conta dizendo "bem-me-quer, malmequer..." O branco é o primeiro pro que der e vier.

O Roxo viu uma chance de se colocar ali e logo foi apresentando-se:

Roxo – Eu sou as flores no arbusto a florir, sou eu o que divide o céu em dia e noite e diz à lua quando sair. Sou eu que mando na hora de dormir e deixo abrir os olhos para acordar. Serei eu o primeiro a desenhar.

Maria começava a sorrir quando lia a fala daqueles lápis. Lembrava-se das discussões em sala e via cada colega se comportando como os lápis de cor do seu livro. Tinha cada vez mais certeza de que teria de pensar em algo diferente, que sua idéia tinha de unir as pessoas para mudar o mundo, não fazê-las brigar por isso.

> O Vermelho, que já estava mais vermelho ainda de vontade de falar soltou então:
>
> **Vermelho** – É vermelho o coração que a menina desenha, é o sorriso do sol saindo do mar, são os morangos maduros colorindo o pomar. É beijo de mãe em bochecha rosadinha. A primeira vez é claro que é minha!
>
> O Rosa nem queria muito entrar na briga, mas, como todos ficaram a esperar que ele falasse alguma coisa, soltou:
>
> **Rosa** – eu sou o vestido da menina no trem a vapor, bochechas envergonhadas das pequenas namoradas vendo o primeiro amor. Rosa é o que faz ficar doce o desenho, ficar mais lindo! Se ninguém discordar, eu já vou indo...
>
> Depois o verde:
>
> **Verde** – são os olhos da menina que piscam lá, são as folhas das árvores que o vento fez voar. Os arbustos e a grama que cresce colorindo o chão. Ora vamos todos, vocês têm de concordar: o verde será sempre o primeirão.
>
> E o Laranja que acabava de "cair" na conversa feito uma fruta do pé também se achou no direito de colocar a sua palavra:
>
> **Laranja** – laranja é a fruta que o menino levado tira da árvore do vizinho, é a cor é o suspensório do seu Firmino que vigia o menino. São os peixinhos do rio onde todos vão nadar. O laranja sou eu e vou logo começar.

Apenas Maria não havia apresentado alguma idéia em sua sala. Algumas colegas já faziam panfletos para a reciclagem, outras pediam doações de alimentos em supermercados, os meninos pensavam num jogo de futebol ou num festival de sorvete beneficentes. A professora, preocupada, conversava com Maria sobre suas idéias, mas Maria Pensativa queria pensar mais. Sentia que faltava alguma coisa para ter a idéia perfeita. Sentia que, sozinha, não conseguiria mudar o mundo, nem mesmo a cidade.

> **Sozinha?**
>
> Tenho de pensar em alguma coisa que junte todas as idéias dos meus colegas. Se cada um fizer só a sua idéia até que está bom, mas, se todo mundo fizesse uma idéia só, eu acho que a gente conseguiria mais... Será? Será que eu falo com eles? Ou falo com a professora? Preciso ler mais...

Naquela noite, Maria estava mais elétrica do que o normal. Queria terminar logo o "tal livro que vai ajudar" e ter uma idéia bem maravilhosa... e rápido!

E assim continuaram até que todos falaram e perceberam que aquela discussão não terminaria nunca, se cada um ficasse só a defender o seu lado e não fizesse nada.

Decidiram partir todos juntos a desenhar e a colorir, a dar o melhor de si. Era Amarelo de lá, Laranja daqui, Roxo, Verde pra todo lado; cada qual fazendo o melhor que podia. De vez em quando, um coloria por cima do outro, e as cores se misturavam fazendo surgir cores diferentes, cores que eles nem viam nascer, mas que deixavam o desenho ainda mais lindo.

A mistura das cores dava uma nova vida ao desenho, uma cara de trabalho em conjunto, mesmo que eles nem percebessem o que faziam.

O que os lápis também não percebiam é que, quanto mais desenhavam e mais se esforçavam, menores iam ficando e mais gastos. Contudo, concentrados que estavam cada um no seu trabalho, nem se olhavam uns aos outros nem davam conta de si.

Eis que o desenho foi aumentando, e os lápis diminuindo cada vez mais e acabando um a um. E acabando e acabando... até que não ficou mais nenhum.

Foi nesse dia que eles perceberam que todos estavam em outro lugar e acordaram no próprio desenho. Cada um era, na verdade, o que tinha colorido, o seu trabalho tinha ficado marcado naquele pedaço de papel, cada flor, cada céu, menino, menina, coração, chão, terra, lua, sol... Um mundo todo colorido por eles mesmos.

Assim cada um sentiu-se importante não por ser uma cor, ou ter sido mais um lápis da caixa; sentiram-se completos e entregues por

> fazer parte de um desenho onde estava gravado o melhor de todos e tudo de melhor que criaram em conjunto. Eles perceberam que não importa a cor do lápis, que um desenho de uma cor só não tem graça. Bom mesmo é ser bem colorido.

Finalmente seu livro chegara ao fim. Maria Sorriso estava com a cabeça ainda confusa... As ideiazinhas pulavam como pipoca na panela naquela cabecinha inquieta. Mas ela sabia o que podia fazer.

Enquanto a mãe "fritava" na frigideira o pão de ontem com manteiga, Maria Desespero falava, falava e falava enquanto o cheiro do café com pão inundava a cozinha. A mãe sorria, concordava, às vezes franzia a testa por causa da barulheira que Maria Confusão estava fazendo, e resolveu pedir a opinião do pai. O pai chamou os irmãos e, enquanto o café com pão era saboreado, Maria Discurso só falava.

Foi a primeira batalha que Maria Guerreira venceu. Maria Teimosa acabara de convencer sua família a ajudá-la em seu projeto.

O dia passou arrastado para Maria Ansiosa. O jantar nunca demorou tanto a chegar, a comida nunca demorou tanto a esfriar. E, depois do jantar, todos se reuniram para ajudar Maria Energia a organizar suas idéias. A menina não cabia em si de tanta felicidade e desandou a falar que nem maritaca. Os irmãos não sobreviveram por muito tempo. Rapidamente, como nunca visto na história, resolveram fazer os deveres de casa, tarefas atrasadas, leitura de livros do ano anterior, arrumar mochilas. A mãe ouvia pacientemente, apesar de ter trabalhado durante o dia todo e estar colocando roupa na máquina de lavar, depois lavando os pratos do jantar, e, entre um bocejo e outro, concordando com a filha elétrica. O pai estava cansado, o dia tinha sido muito longo, passou seu horário de almoço no banco pagando contas, e estava louco para tomar banho e descansar em frente à televisão. Mas Maria Disparada não parava por nada e falava, falava, falava... Tentaram convencê-la a deixar essa conversa para o dia seguinte, pois precisavam pensar sobre o assunto, e ela, relutante, cedeu.

O dia seguinte custou a chegar para Maria Ansiedade, às vezes Maria Aflição. Na escola o tempo passou arrastado, parecia que alguém tinha colado o ponteiro dos minutos naquela posição. Tudo passou devagarzinho até a hora em que ela, finalmente, iria encontrar seus pais e poderia falar e pensar coisas maravilhosas. Os pais chegaram do trabalho, cansados como sempre. Trânsito ruim, dinheiro faltando, supermercado aumentando os preços das coisas, plano de saúde caro demais, violências nas ruas, e mais aquela lâmpada do banheiro que queimou, o uniforme do irmão que ficou pequeno, o livro caríssimo que a escola pediu, e mais as notícias dos parentes... Ufa! Maria Perdida não conseguia se achar no meio daquela confusão! Mas seu pai, muito esperto, resolveu acalmar a ansiedade da menina e fez uma oferta genial:

– Que tal irmos até a sorveteria e depois passar na locadora e alugar um DVD?

Maria Confusão não entendia. E a mudança do mundo? E o projeto da escola?

– Não, gente. Vamos conversar mais. Preciso de ajuda, preciso de ajuda! Vocês prometeram!

– Minha filha... estamos tão cansados... Não tenho cabeça pra ficar pensando em mudar o mundo quando não estou dando conta nem de mudar esse tanto de conta que tem aqui em casa pra gente pagar. Vamos deixar pra outro dia?

– Mas que dia?

– Não sei, a gente combina.

– Não, pai! Precisamos fazer isso agora! Eu preciso fazer meu projeto! Pooor faaavooooorrrrrrr!!!

Estava armada a situação do terror naquela casa, todos já sabiam. Aquela discussão não teria fim nunca mais. Todos ficariam velhinhos, e ninguém chegaria a nenhuma conclusão. A casa ficaria cheia de teias de aranha, os pais ficariam carecas e banguelas, e Maria Teimosia não desistiria. A mãe já estava falando junto com a menina e o pai quando os meninos começaram a falar junto com todos eles e aí a confusão chegou em seu ponto mais complicado.

– Chega! – era a voz cansada, mas bem brava do pai.

– Também acho! – disse a mãe impaciente. Todos para a cama! A discussão já acabou e agora vamos dormir.

Maria Desolada se tornou Maria Inconsolável. Em meio a lágrimas, a menina foi dormir abraçada a seu livro onde apenas aqueles lápis de cor lhe fizeram companhia.

O dia seguinte não teve um café da manhã tão animado. Todos se entreolhavam estranhamente. Maria Tristeza era apenas um par de olhos entristecidos. Todos comeram e, mesmo com a promessa do pai de que naquela noite iriam ajudá-la, Maria Desconfiada sabia que não ia ser assim. O dia se desenrolou com uma calma estranha e, durante o recreio, a menina desabafou em seu caderninho.

Sozinha mesmo

Pensei que as coisas estariam difíceis, mas elas estão impossíveis. Nem minha família entende que esse projeto é importante. E é importante não é só pra mim... É importante porque vai fazer mudar a vida da gente. E ninguém me dá bola...

Eu queria mesmo era que tivesse alguma coisa que eu pudesse fazer sem precisar esperar algum adulto fazer alguma coisa pra mim. Tudo bem que eu sou criança, mas não precisa ficar me tratando que nem boba. Eu só quero alguém que me ajude em coisas que crianças não podem fazer sozinha. Mas a minha história tá parecendo aquela daquela menina que tem o boi de mamão e que é grande pra umas coisas e pequena pra outras. A professora falou muito direitinho: criança também pode participar, discutir e fazer coisas pra mudar o mundo também.

Mas por que eu não tenho o apoio das pessoas?

Por que eu tenho que ficar brigando porque eu quero pensar em algo pra mudar o mundo ...e pra mudar pra melhor?

Maria Desolada deixou o dia passar. Ela tinha um cadiquinho de esperança no coração que dizia que a família poderia ajudá-la, mas não ficou contando com isso para não ficar chateada, caso eles não quisessem fazer nada por ela.

O ritual dos pais chegando em casa era quase sempre o mesmo. Sempre se encontravam na cozinha, o pai e a mãe, e ficavam conversando desses problemas todos que a vida tem. Algumas vezes discutiam, algumas até brigavam... Dinheiro era sempre um caso de ficar conversando horas sem parar. Maria Esperança encontrou seu pai e sua mãe na cozinha. Abraçou e beijou os dois porque isso ela sempre fazia. O pai e a mãe trabalhavam demais e sempre estavam muito cansados no final de semana. Algumas vezes trabalhavam nos finais de semana. E Maria Saudade sentia muita falta da companhia deles. A menina já estava preparada para fazer a pergunta triunfal, quando o pai se antecipou e falou antes dela:

– Maria, minha filha, estive conversando com umas pessoas do meu trabalho e hoje eu e você vamos a um lugar que pode te ajudar a pensar sobre esse seu trabalho.

Maria Alegria surgiu de novo. E não escutou mais nada que o pai falou. Apressada, trocou de roupa e pegou seu caderno bonito de fazer anotações. Maria Curiosidade não sabia aonde iriam. Só sabia que alguém tinha pensado em seu projeto, além dela, é claro! E estava muito feliz e curiosa.

Chegaram a uma escola que Maria não conhecia. Já era noite, e a escola estava toda iluminada, cheia de gente, e até o pipoqueiro estava lá vendendo suas pipocas cheirosas. Parecia uma festa de tanta gente que tinha lá. Na porta da escola tinha um monte de gente distribuindo folhetos, um monte de faixas falando nomes de outros bairros e coisas que estavam sendo construídas lá. Maria Curiosa perguntava algumas coisas para seu pai, mas ele mesmo nem sabia responder. Ele nunca tinha ido numa reunião dessas não e também se mostrou meio curioso com as coisas. Foi então que Maria e seu pai pararam para cumprimentar alguém. Era um senhor que ela já tinha visto antes, muito simpático, que fazia piadas o tempo todo e gostava que ela lhe desse muitos abraços. Chamava a menina de Maria Maria e ela nem precisou perguntar para que ele já lhe respondesse:

– Maria Maria, seu pai me contou da sua tarefa da escola. Falei com ele pra te trazer aqui porque acho que esse espaço é privilegiado para você entender coisas que a gente faz e que podem mudar a realidade da gente.

Maria Pensativa sabia que aquele espaço era uma escola, pelo menos isso ela sabia. Mas ela não sabia que a escola era um lugar de fazer coisas de mudar o mundo e continuou a ouvir aquele senhor:

– Aqui, Maria Maria, vai acontecer esta noite uma Assembléia do Orçamento Participativo, que a gente chama de OP. Assembléia é uma reunião de um monte de gente. Hoje de noite vão se reunir os delegados do OP e a população em geral para votar as obras aqui da nossa região. E, desse jeito, as pessoas vão participar da construção da cidade, de acordo com os desejos delas e com as coisas que elas acham mais importantes e mais necessárias pra cidade.

A reunião

A reunião era do Orçamento Participativo da cidade. Orçamento Participativo é quando as pessoas que moram na cidade podem dar a opinião delas sobre o orçamento (que é o dinheiro) da cidade. Essas pessoas vão até essas reuniões que elas chamam de assembléias e elas decidem que são as pessoas que vão representar elas. Elas fazem isso votando nessas pessoas. Quem ganha os votos é eleito delegado (mas não é daquele tipo de polícia que tem nos filmes não). Aí esses delegados vão pra reuniões bem maiores pra apresentar pra outros delegados o que o pessoal da sua região pensou sobre como é que a Prefeitura tem que gastar o dinheiro. No final, todo mundo decide um pouco como é que a Prefeitura tem que gastar o dinheiro.

Maria Confusão estava realmente confusa. Era muita coisa nova que ela estava ouvindo. Maria sempre achou que o prefeito era quem decidia sobre as coisas que iam acontecer na cidade. Tinha também uns vereadores que a professora do ano anterior tinha dito que faziam leis para cidade e que também decidiam coisas. Mas ela não sabia que as pessoas normais, gente que nem ela que nem era prefeito nem vereador, podiam decidir as coisas. Foi uma reunião bem longa aquela e seu pai ficou ali com ela até no final. Eles viram tudo acontecer direitinho e já era tarde quando chegaram em casa. Maria Sonolenta foi direto para a cama e dormiu um sono cheio de informações e pessoas barulhentas. O dia seguinte era sábado e ela aproveitou para anotar no seu caderninho todas as coisas importantes daquela reunião da noite anterior. O mais legal que eu não sabia é que esse dinheiro que eles tanto falam eu achava que era da Prefeitura e do prefeito, mas não é! Esse dinheiro é de todas as pessoas porque meu pai me explicou que esse tal de orçamento é um dinheiro que todas as pessoas que moram na cidade é que juntam pro prefeito poder manter a cidade. As pessoas pagam impostos (que são umas taxas que as pessoas pagam quando compram as coisas, quando pagam contas, tem aquele IPTU também) e esses impostos vão pra conta da Prefeitura. Aí o prefeito e a Prefeitura devem usar esse dinheiro, que é das pessoas, para fazer coisas boas pra vida das pessoas.

Aí tem dois problemas: primeiro é quando nada é feito de bom na vida das pessoas com o dinheiro delas mesmas. E segundo, é aquela parte que eu não sabia. Se o dinheiro é das pessoas, elas podem falar também o que querem que seja feito com o dinheiro delas. Mas meu pai também me falou que são poucos prefeitos no Brasil inteiro (que eu acho que é muito grande) que ouvem o que as pessoas querem que seja feito com o dinheiro delas.

As pessoas que vão nas assembléias do OP (é assim que eles chamam o Orçamento Participativo) elas são muito engraçadas porque se comportam de jeitos muito diferentes. Muitas vão lá só pra ficar ouvindo o que as outras pessoas estão falando. Elas chegam e ficam esperando a hora de votar nas propostas de como é que o dinheiro vai ser gasto. Algumas pessoas vão lá pra falar muito e, algumas vezes, não escutam o que as outras pessoas estão falando. Aí acabam brigando com um monte de gente e isso dá uma confusão danada. Meu pai falou que isso é porque as pessoas são meio egoístas e não aceitam que as suas idéias não sejam as que vão vencer na votação. O amigo do meu pai me explicou que existe uma coisa chamada democracia (que eu só entendi mais ou menos o que é que é) que faz as pessoas poderem participar e decidir nessas coisas do governo. Mas ele disse pra mim que muitas pessoas não entendem que a democracia é boa quando a gente pensa em todas as pessoas e não nas coisas só da gente. Por isso que ele diz que tem gente que fica bravo nessas reuniões do OP, porque acaba pensando que suas necessidades particulares é que são mais importantes do que as necessidades da maioria das pessoas.

Mas tem um monte de gente que é muito participante nas reuniões do OP também. São umas pessoas que falam por um monte de outras pessoas que não puderam ir lá e pensam num monte de problemas que às vezes não têm nada a ver com a vida delas. Tinha um moço que nem tem filho falando que tinha que ter uma creche pras crianças pequenas do bairro dele, tinha um casal de adultos falando que tinha que colocar passarelas e faixas de pedestre numas ruas lá porque tinha muita criança morrendo atropelada e ficando machucada, tinha umas senhoras da idade da minha avó falando que tinham que andar muito pra chegar no Posto de Saúde e que podia ter um mais perto.

As pessoas falam um monte de coisas nessas reuniões, e o amigo do meu pai falou que é bom a gente estar ali, mesmo que não queria votar nem nada, porque aí a gente vê como é que está a cidade da gente, quais são os problemas, o que as pessoas estão pensando, do que elas estão precisando. Ele sempre participa dessas coisas e até ficou meio bravo com meu pai porque o meu pai não participa de nada. Ele falou que a gente tem sorte de ter emprego, plano de saúde, comida na mesa, mas muita gente não tem e que não é só porque a gente tem essa sorte que a gente tem que fechar os olhos pro resto da cidade e pros problemas que temos nela, porque senão fica difícil de conseguir as coisas, já que vai ter sempre só um pouco de gente lutando, e não todo mundo junto. Nessa hora eu pensei nos lápis da minha história e pensei nos meus colegas também.

Uma coisa que eu achei engraçado é que não tem criança nessas reuniões. Eu até vi algumas, mas elas só vão lá pra ficar sentadas perto das mães e dos pais delas, não falam nada não. Eu quis falar algumas coisas, mas criança não ia ter vez lá não. É muito adulto junto e o amigo do meu pai falou que lugar de criança discutir tem que ser diferente de lugar de adulto discutir porque criança é criança. Mas aí eu perguntei pra ele se ele achava que eu teria idéias boas porque eu sou criança e ele disse que ele ouviria as idéias das crianças sim porque ele acha que as crianças pensam a vida de um jeito diferente dos adultos e ele falou que ele acha que na democracia (aquele negócio que eu só entendi um pedaço) tinha que ter um lugar pras crianças pensarem a cidade e poderem falar tudo o que pensam também, porque o prefeito tem que ouvir as crianças também.

Nossa que tanto de coisa, mas já acabei essa reunião.

Agora eu tenho que pensar o que é que isso vai servir pra eu fazer no meu projeto. Ah! O amigo do meu pai também falou que esse projeto da minha professora é muito legal. Ele disse que a professora pensou muito bem em envolver as crianças da nossa idade porque ele acha que as crianças têm que pensar mesmo sobre a vida delas na nossa cidade e têm que participar dessas discussões pra ajudar a pensar numa cidade melhor pras crianças viverem também.

Tenho que ter uma idéia boa mesmo. Acho que essa tarefa é mais importante do que eu mesma achava que era porque não é só pra falar coisas boas e ter idéias boas na escola, mas é pensar em coisas importantes pra minha vida mesmo.

Outra coisa que o amigo do meu pai falou é que ele acha que todo mundo fica falando que criança é muito pequena pra fazer as coisas, principalmente essas coisas de política, mas que ele acha que não. Ele falou que criança pensa coisas muito boas, mas que é diferente do jeito que os adultos pensam. Mas que isso não significa que é pior, só é do tamanho delas. Ele acha que o prefeito até tinha que saber do resultado dos nossos projetos pra ver se ele não achava alguma coisa que podia fazer pelas crianças da cidade.

Agora chega mesmo. Mas eu vou falar essas coisas pra minha professora mesmo assim, porque eu acho que ela vai gostar de saber que alguém acha importante o que ela tá fazendo, porque minha mãe disse que algumas mães e algumas pessoas da escola tavam falando que minha professora fica inventando moda e não faz as coisas importantes de escola que têm que ser feitas.

Foi um final de semana bem sossegado para Maria Informação. Entre uma atividade e outra com sua família, ela esteve pensativa e cheia de confusões na cabeça por causa do tal projeto e da tal reunião com aquelas pessoas, mais a tal democracia, e a participação, e as crianças... era coisa demais! E Maria Animação, animadíssima, simplesmente pensou muito para ver se pensar demais ajudava a ter idéias brilhantes. Seu pai e sua mãe estavam um pouco mais pacientes para ouvi-la, afinal era final de semana e eles podiam ouvir suas histórias entre uma tarefa, uma discussão e uma refeição. Bom, isso até a discussão mais importante de todas...

Maria Preguiça estava descansando em seu quarto com pensamentos borboletantes quando ouviu uma barulheira danada que vinha da sala. Resolveu se levantar e ver o que é que estava acontecendo e nem ficou surpresa ao encontrar os pais discutindo com o irmão mais velho. Era uma história velha, que ela conhecia muito bem, essas tais discussões de família. Dessa vez era um clássico problema com dinheiro (que também era o problema campeão em encheção) sobre alguma coisa de escola e livros e uma viagem também.

Maria Curiosa foi se aproximando, chegando mais pertinho até ficar de frente para o front de batalha, onde ela viu os envolvidos todos com o rosto mudando de cor, ouviu vozes alteradas e percebeu aquele clima desesperador no ar.

– Já falamos pra você antes. Não adianta ficar tentando desesperadamente porque não temos dinheiro pra isso agora. Sabemos o quanto é importante pra você, mas teremos que esperar um pouco, pra juntar dinheiro, sei lá! – dizia o pai meio chateado.

– Não é uma situação definitiva, meu filho. A gente vai se organizar para que você possa estar lá ano que vem – suspirava a mãe, totalmente triste. O problema é que a gente não tem como fazer isso agora, não dá mesmo, ia ser um sacrifício danado.

– Mas isso é injusto! E vocês sabem disso! – chorava o irmão, muito nervoso. – Não é qualquer um que consegue passar naquele exame e eu passei! Como vocês podem me negar isso? Como é que a gente pode desperdiçar uma chance dessas? E, se no ano que vem, eu não conseguir passar de novo? Esse é meu sonho... e vou ter que abrir mão dele? Não podemos fazer nada?

Maria Interrogação sabia que a coisa era séria, mas não fazia muita idéia do que estava acontecendo. Entendia que era uma coisa injusta, algo muito ruim, pois todo mundo estava triste, mas não entende bem o que tinha acontecido. Ficou ali no cantinho imóvel, olhos atentos e muito agitados para não perder nada e poder entender melhor o que é que era tão triste. Até que, no final da discussão, o pai viu a menininha ali, pequenininha de preocupação e chamou-a pra sentar-se com ele e a mãe. Maria Paciência ouviu toda a explicação e pôde compreender que o irmão mais velho tinha feito um exame para estudar numa escola muito legal que ia ensinar ele a ser piloto de avião e, ao mesmo tempo, ser uma escola para ele aprender as coisas de aprender mesmo, mas o problema é que a escola ficava numa outra cidade bem longe da deles e ele ia ter que ter dinheiro para ficar morando em outra cidade e comprar as coisas dele e da escola também. Maria Tristeza entendeu o motivo da tristeza de todos, pois compreendeu que era uma chance única para seu irmão, era uma escola com uma prova difícil demais e que ele tinha conseguido essa parte difícil, mas tinha ainda essa outra parte tão difícil quanto essa.

– Pai, não tem jeito mesmo de a gente fazer alguma coisa pra ele ir?

– Ia ser muito difícil pra nós agora, Maria. Mas a gente vai tentar fazer isso no ano que vem, aí ele vai.

Maria Frustração estava com sua cabecinha funcionando a todo vapor. Ela não achava nada legal ver todo mundo triste e ficou ali, ao lado dos pais, esperando para ver se algo de novo acontecia. Naquele momento, o pai mostrava para a mãe uma tabela enorme e coloridinha, cheia de numerozinhos. Eles falavam dos gastos da casa, das contas, dos salários, e Maria quis saber o que era aquilo tudo.

– Lembra daquela reunião que a gente foi, Maria? Pois é. Se naquela reunião a gente estava vendo as pessoas pensarem o orçamento da cidade, aqui em casa a gente tá discutindo o orçamento da nossa família, o que a gente tem de fazer com dinheiro que nós ganhamos nos nossos trabalhos e até o que dá pra fazer com o dinheiro que a gente ganha.

– E eu posso participar?

– Acho que não. Criança não entende muito bem dessas coisas de orçamento, muito menos dessas coisas de dinheiro da família, contas a pagar, impostos e esse monte de coisa chata.

– Mas eu entendo dessas coisas sim! Vocês me dão o dinheiro do lanche e sou eu quem cuida dele! Quando a minha avó e meus tios me dão dinheiro como presente sou eu quem cuida dele também! Além disso, eu sei olhar o preço das coisas que eu quero comprar, sei fazer pesquisa de preço, escolher o melhor lugar pra pagar menos. Também sei comprar o que meu dinheiro dá, em vez (algumas vezes) daquilo que eu quero. Se eu entendo disso tudo, como é que eu não entendo de orçamento?

Maria Orgulhosa tinha defendido sua primeira causa. E foi uma defesa excelente, porque ela, realmente, conseguiu convencer seu pai e sua mãe que poderia participar daquela conversa de gente grande. E participou direitinho. Ficou sabendo quanto seu pai e sua mãe ganhavam com seus salários todos os meses e quanto é que as contas da casa custavam a eles. Descobriu que a escola particular era cara demais e que as compras no supermercado estavam aumentando de preço cada mês que passava. E deu palpite em todos os assuntos, em todas as questões do orçamento da casa. Com isso, descobriu porque é tão importante pro pai que as luzes não fiquem acesas em cômodos vazios da casa, porque sua mãe sempre diz pra não deixar comida no prato, porque era tão importante estudar direitinho, passar de ano e tudo mais de bom na escola, e descobriu que, se os pais explicassem mais as coisas pros seus filhos, muitas das coisas que as crianças acham que são só chatura de pai e de mãe são, na verdade, coisas fáceis de entender. E que ela, agora que entendia, sabia que colaborar era importante, não só pra não levar xingo.

> Participar muda o mundo – essa é minha conclusão!!
> 1. Somos crianças e jovens, mas isso não quer dizer que não devemos participar da vida na nossa cidade, no bairro, na escola, na vizinhança ou no país.
> 2. Participar não é só votar (e a gente não vota porque não tem idade pra ter o título de eleitor). Participar é discutir as coisas, é pensar como as coisas são, como elas deviam ser. E participar é fazer alguma coisa pra mudar o que não está bom também.
> 3. Por isso eu acho que, se todas as crianças juntassem suas forças e começassem a pensar juntas a sua escola, sua rua, seu bairro e sua cidade, o mundo ia começar a ser diferente.

Foi uma semana muito legal para Maria Interessada. Todos os dias depois do jantar ela se sentava com os pais para discutir o orçamento da família e pensar o que poderiam fazer para mandar seu irmão para a escola superlegal que ele queria tanto. No final das contas, com alguns telefonemas para a madrinha dele, a avó e um amigo do pai, além de um corte na TV a cabo do quarto das crianças, guloseimas nas compras do supermercado, e um prazo de validade quase infinito para tênis e roupas novas, Maria Alegria chamou seu irmão e anunciou que ele iria estudar lá naquela escola longe, e ia virar piloto de avião.

– Mas como você conseguiu isso, Mariazinha? Papai já tinha dito que não dava.

– Foi só estudar o orçamento... – respondeu a menina toda orgulhosa. A gente pegou o orçamento da nossa casa e da nossa família, decidiu o que era mais importante e juntou esforços pra que isso desse certo. A gente vai passar um apertozinho, mas nada que a gente não consiga resolver com o tempo.

– Não sabia que uma menina do seu tamanho desse conta de pensar numa coisa tão grande, Mariazinha! Valeu demais! Você ajudou a realizar meu sonho.

Maria Orgulho estava ali, parada em frente ao seu irmão todo emocionado, toda orgulhosa de si mesma. Era isso. Ela tinha entendido naquele momento o que a professora havia dito durante aquele tempo todo. E estava feliz.

Maria Felicidade estava na frente dos colegas naquele dia sem nenhum medo. Estava ali apresentando sua idéia e tinha certeza de que sua idéia era muito boa, maravilhosa mesmo. Foi aplaudida e os colegas gostaram muito dela e da idéia dela.

Ela havia aprendido a lição com aqueles lápis de cor. Queria um mundo colorido e sua alma era aquela caixa de lápis de cor toda junta naquele desenho. Maria havia feito seu próprio desenho com aquele projeto. E pendurou na parede seu livro dos lápis de cor para poder se lembrar daquela história sempre.

Maria Cidadã viu sua idéia se tornar realidade. Maria Valente participou de seu próprio projeto por vários anos enquanto estava na escola, mesmo quando não ia ser avaliada em todas as disciplinas por causa dele, já que sua escola achou que era um projeto tão bom que decidiu fazê-lo sempre. Maria Sonho viu seu projeto ser feito em todas as escolas da sua cidade. Maria Esperança viu milhares de crianças discutindo a escola, a cidade, o país e o mundo. E Maria Movimento nunca mais parou de pensar num mundo melhor e fazer tudo que fosse possível para que ela visse a mudança acontecer.

Maria Adulta nunca deixou de ouvir as crianças e os jovens. Especialmente porque a criança que mora dentro dela até hoje sonha todas as noites com todas as crianças do mundo dormindo em uma casa decente, alimentando-se com fartura e mesa cheia, indo à escola, brincando, pensando e ensinando aos adultos que um mundo melhor é preciso e que o futuro quem faz somos nós mesmos. Maria Arco-Íris coloriu seu mundo. Diariamente.

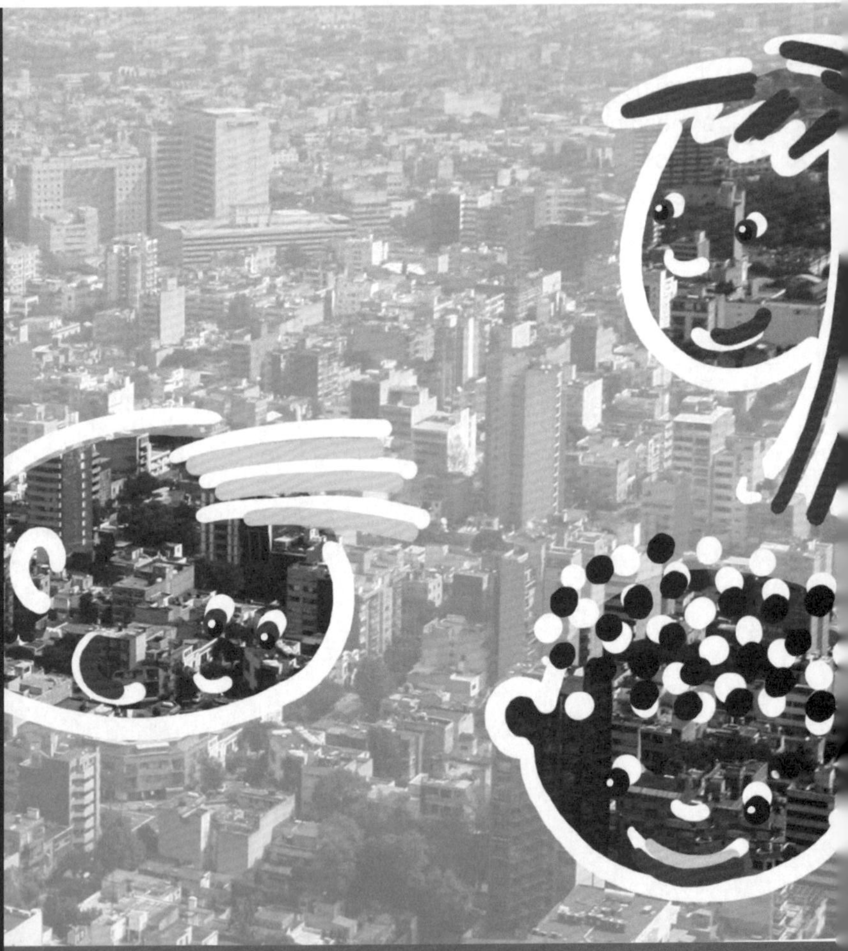

Caderno de sugestões para o trabalho com o Orçamento Participativo Criança

Michelle Nunes Matos

O Caderno de Sugestões é um texto voltado para o trabalho da escola, especialmente do professor, durante a implantação e o desenvolvimento do Projeto Pedagógico do Orçamento Participativo Criança. As idéias que serão apresentadas de forma aleatória constituem instrumentos para o trabalho de formação de funcionários, professores e alunos e estão classificadas (para melhor compreensão) dentro das fases propostas pela metodologia do projeto.

Ao longo do processo de formação dos professores e valendo-se da consolidação de suas práticas durante a implantação e o desenvolvimento do projeto, serão criadas, pelo próprio grupo de trabalho, novas estratégias e atividades. Vale ressaltar também que as atividades que serão apresentadas constituem apenas um consolidado de sugestões iniciais para o trabalho e não possuem obrigatoriedade de execução.

Juntamente com as sugestões de atividades, segue uma lista de competências e habilidades que serão desenvolvidas ao longo do trabalho com o Orçamento Participativo Criança para auxiliar no planejamento do professor e facilitar a inclusão do projeto no Projeto Político Pedagógico da escola.

Para entender a classificação:

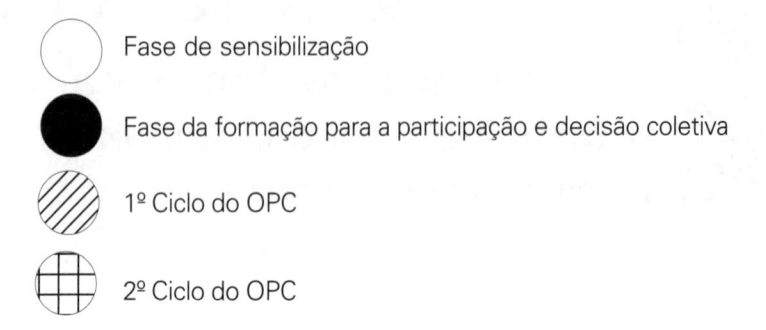

○ Fase de sensibilização

● Fase da formação para a participação e decisão coletiva

▨ 1º Ciclo do OPC

⊞ 2º Ciclo do OPC

Sobre o trabalho com filmes

De que forma as escolas têm utilizado todos os recursos provenientes da produção cinematográfica (filmes comerciais ou documentários)? Existem possibilidades de utilização e aprofundamento desses recursos no ambiente escolar? Os filmes, que eventualmente são apresentados na escola, são utilizados de forma adequada ou têm sido usados para "matar o tempo"? Os professores apresentam o vídeo e pedem um relatório ou procuram aprofundar a discussão e promover a integração entre os elementos mostrados nas telinhas e aquilo que está sendo trabalhado em pesquisas, nos livros e nas apostilas e nas discussões de aula? Os filmes podem ou não podem ser um recurso de grande utilidade nas escolas?

Estamos vivendo uma época de grandes avanços e constante renovação tecnológica. Recursos como as transmissões via satélite, a TV a cabo, os jornais diários e as revistas semanais, além da grande estrela, a internet, trouxeram a informação a toque de caixa para nossas casas e escolas. Mas como estamos lidando com esses meios num dos mais importantes espaços ocupados pela sociedade, as escolas?

Como podemos selecionar um filme para utilizar em aula?

O primeiro passo consiste em manter-se informado acerca dos lançamentos que estão sendo disponibilizados nos cinemas e em vídeo (ou DVD); com o auxílio dos jornais e de revistas, através de *sites* sobre cinema e cultura ou mesmo contando com o apoio de um dos mais eficientes modos de informar-se que existe ainda nos dias de hoje, a divulgação de um produto cultural "boca a boca", a partir de comentários de amigos, vizinhos, parentes ou colegas de trabalho, podemos nos manter atualizados.

Tenha sempre em mente que não é fácil encontrar um filme que fale especificamente sobre o tema que você pretende trabalhar; você terá que, literalmente, "garimpar" uma película que possa ser lhe útil (em determinadas áreas, como Literatura ou História, em que encontrar um título adequado é muito mais fácil; Geografia e as Ciências Biológicas em geral têm a sua disposição um bom acervo de documentários).

A busca por um bom título que tenha relação com a aula aproxima-se muito do planejamento, justamente porque é com base nessa estruturação das atividades que você poderá fazer um levantamento das possibilidades que existem no que concerne ao tema que você vai trabalhar.

Fazendo anotações sobre o filme escolhido

Antes de trabalhar com a turma, ou seja, como uma etapa fundamental que deve ser realizada previamente para que sua aula que utiliza um filme dê certo, você deve fazer anotações sobre o material escolhido. O ideal num trabalho de pesquisa e levantamento de dados, seja ele feito em relação a um livro, a um artigo científico, a uma reportagem, a uma música, seja ele feito em relação a um filme é que, após a primeira incursão pelo recurso, você faça uma anotação dos principais pontos trabalhados no recurso tendo-o ao seu lado e, parando para escrever suas considerações na medida do necessário. Deixe transcorrer trechos (cenas) completos para que você tenha uma noção clara de todas as informações que foram mostradas naquela seqüência. Se achar mais fácil, anote as idéias mais importantes separando-as em tópicos (se considerar melhor a criação de textos curtos, opte por ela, não há regras fixas ou definitivas em relação a isso!).

Se sua intenção é a de usar apenas seqüências selecionadas do filme, atenha-se a elas e procure o máximo de detalhes para enriquecer suas anotações. Ao utilizar-se do filme inteiro, o trabalho de escrever sobre o material deve abordar todos os minutos do filme, todas as tramas e os personagens enfim, cada mínimo referencial apresentado!

Ao apresentar o filme para os alunos, você será capaz de chamar-lhes a atenção para todos os aspectos que considerar fundamentais nos trechos visualizados.

Nos filmes...

- Podemos observar detalhes que inicialmente passaram despercebidos quando assistimos pela segunda ou terceira vez.
- Selecionamos frases e com base nelas temos a possibilidade de propor raciocínios e reflexões.
- Destacamos detalhes das imagens que podem ser representativos de tendências, períodos ou mesmo característicos de determinadas personagens e culturas.
- Prestamos maior atenção ao figurino, à música, aos efeitos sonoros, à cenografia, à atuação dos atores e aos detalhes da trama.
- Conseguimos, no todo, acumular um maior volume de informações sobre o filme e, de posse de todo esse conteúdo acumulado, selecionar aquilo que é mais interessante e condizente com o trabalho que estamos realizando.
- Podemos mesmo selecionar trechos ou idéias que são importantes num determinado contexto e que podem ser substituídas por outras em outra situação de trabalho em sala de aula.
- Permitimos-nos a variação de estratégias de acordo com as informações que acessarmos e destacarmos em nossas anotações sobre o material fílmico visto e revisto.

Sugestões de títulos

Ficha Técnica
A CORRENTE DO BEM (PAY IT FORWARD)
País/Ano de produção: EUA, 2000
Duração/Gênero: 122 min., drama
Disponível em vídeo e DVD
Direção de Mimi Leder
Roteiro de Mike Rich
Elenco: Kevin Spacey, Haley Joel Osment, Helen Hunt, Jon Bon Jovi, James Caviezel, Angie Dickinson, Shawn Pyfrom, Jay Mohr

Eugene Simonet (Kevin Spacey), um professor de Estudos Sociais, faz um desafio aos seus alunos em uma de suas aulas: que eles criem algo que possa mudar o mundo. Trevor McKinney (Haley Joel Osment), um de seus alunos e incentivado pelo desafio do professor, cria um novo jogo, chamado "pay it forward", em que a cada favor que recebe você retribui a três outras pessoas. Surpreendentemente, a idéia funciona, ajudando o próprio Eugene a se desvencilhar de segredos do passado e também a mãe de Trevor, Arlene (Helen Hunt), a encontrar um novo sentido em sua vida.

Ficha Técnica
AS CINZAS DE ÂNGELA (Angela's Ashes)
País/Ano de produção: EUA/Irlanda, 1999
Duração/Gênero: 120 min., Drama
Disponível em VHS e DVD
Direção de Alan Parker
Roteiro de Laura Jones e Alan Parker
Elenco: Emily Watson, Robert Carlyle, Joe Breens, Ciaran Owens, Michael Legge, Ronnie Masterson, Pauline McLynn, Liam Carney

Em 1935, quando é mais comum ver famílias irlandesas partindo para os Estados Unidos, uma empobrecida família decide por fazer o caminho inverso. Logo após a repentina morte de sua filha de apenas 7 anos de vida, Angela (Emily Watson) e seu marido desempregado e beberrão (Robert Carlyle) decidem se mudar de Nova York para Cork, na Irlanda, levando com eles seus quatro filhos. Os filhos pouco sabem do lugar para onde estão indo, apenas que lá é conhecido como um lugar onde não há trabalho e as pessoas morrem de fome.

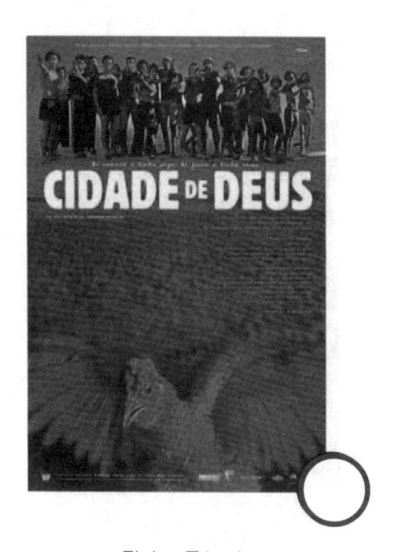

Ficha Técnica
CIDADE DE DEUS
País/Ano de produção: Brasil, 2002
Duração/Gênero: 135 min., Drama
Disponível em VHS e DVD
Direção de Fernando Meirelles e Kátia Lund
Roteiro de Bráulio Mantovani
(baseado no livro de Paulo Lins)
Elenco: Matheus Nachtergaele, Alexandre Rodrigues, Leandro Firmino da Hora, Phellipe Haagensen, Seu Jorge, Douglas Silva, Luís Otávio, Roberta Rodrigues, Alice Braga

Buscapé (Alexandre Rodrigues) é um jovem pobre, negro e muito sensível, que cresce em um universo de muita violência. Buscapé vive na Cidade de Deus, favela carioca conhecida por ser um dos locais mais violentos da cidade. Amedrontado com a possibilidade de se tornar um bandido, Buscapé acaba sendo salvo de seu destino por causa de seu talento como fotógrafo, o qual permite que siga carreira na profissão. É através de seu olhar atrás da câmera que Buscapé analisa o dia-a-dia da favela onde vive, em que a violência aparenta ser infinita.

Ficha Técnica
COACH CARTER (Treino para a Vida)
Título Original: Coach Carter
País/Ano de produção: EUA, 2005
Duração/Gênero: 136 min., Drama
Direção de Thomas Carter
Roteiro de Mark Schwahn e John Gatis
Elenco: Samuel L. Jackson, Ryan B. Adams, Ashanti, Adrienne Bailon, Ray Baker, Texas Battle, Michelle Boehle, Rob Brown

Qualquer livro do nosso catálogo não encontrado nas livrarias pode ser pedido por carta, fax, telefone ou pela Internet. Baseado numa incrível história verídica, Treinador Carter é o relato inspirador da vida do controverso treinador de basquetebol Ken Carter (o nomeado para os Óscares Samuel L. Jackson), que recebeu ao mesmo tempo rasgados elogios e ferozes críticas quando apareceu nos noticiários de todo o país por ter impedido a entrada no ginásio de todos os jogadores da sua imbatível equipe, devido aos jovens apresentarem péssimos resultados escolares. Com os jogadores, os familiares e toda a comunidade a juntarem-se para ter a equipe de volta ao terreno de jogo, Carter terá de ultrapassar os obstáculos do meio social em que se integrou, para mostrar aos jovens que têm um futuro longe dos bandos de rua, das drogas, da prisão... e até mesmo do basquetebol.

Ficha Técnica

CRIANÇAS INVISÍVEIS (All the invisible children)
País/Ano de produção: Itália, 2005
Duração/Gênero: 116 min., Drama
Direção de Kátia Lund, Spike Lee, Ridley Scott, Jordan Scott, Stefano Veneruso, John Woo, Mehdi Charef e Emir Kusturica
Roteiros de Mehdi Charef, Diogo da Silva, Stribo Kusturica, Kátia Lund Cinqué Lee, Joie Lee, Spike Lee, Qiang Li, Stefano Venerusco, Jordan Scott
Elenco: Francisco Anawake, Maria Grazia Cucinotta, Damaris Edwards, Vera Fernandez, Hazelle Goodman, Hannah Hodson, Zhao Ziann, Wenli Jiang, David Thewlis, Jake Ritzema, Kelly Mcdonald, Rosie Perez, Andre Royo, Qi Ruyi, Lanette Ware

Uma série de curtas mostrando a dificuldade das crianças em sobreviver ao enfrentar a realidade da vida. Seja coletando sucata nas ruas de São Paulo, seja roubando para viver em Nápoles e no interior da Sérvia, os filmes são protagonizados por personagens infantis que lidam com uma dura realidade, na qual crescer muito cedo acaba sendo a única saída.

Ficha Técnica
ILHA DAS FLORES
País/Ano de produção:- Brasil, 1989
Duração/Gênero: 13 min., Documentário
Disponível em vídeo (na fita "Curta com os Gaúchos")
Direção de Jorge Furtado
Roteiro de Jorge Furtado
Elenco:- Ciça Reckziegel, Gozei Kitajima, Takehijo Suzuki.
Narração de Paulo José.
O site www.portacurtas.com.br permite
a visualização do curta "Ilha das Flores".

Qual a produção mundial de tomates? Como se mede um segundo? Quantas galinhas valem uma baleia? Como se fabrica perfume? Quem foi Mem de Sá? Essas e outras perguntas serão respondidas neste ensaio dialético-cinematográfico sobre o planeta Terra e seus habitantes.

Ficha Técnica
MEU NOME É RÁDIO (Radio)
País/Ano de produção: EUA, 2003
Duração/Gênero: 109 min., Drama
Direção de Michael Tollin
Roteiro de Mike Rich, baseado em artigo de Gary Smith
Elenco: Cuba Gooding Jr., Ed Harris, Debra Winger, Alfre Woodward, S. Epatha Merkerson, Brent Sexton, Chris Mulkey, Sarah Drew, Riley Smith

Anderson, Carolina do Sul, 1976, na escola secundária T. L. Hanna. Harold Jones (Ed Harris) é o treinador local de futebol americano, que fica tão envolvido em preparar o time que raramente passa algum tempo com sua filha, Mary Helen (Sarah Drew), ou sua esposa, Linda (Debra Winger). Jones conhece um jovem "lento", James Robert Kennedy (Cuba Gooding Jr.), mas Jones nem ninguém sabia o nome dele, pois ele não falava e só perambulava em volta do campo de treinamento.

Ficha Técnica
MÚSICA DO CORAÇÃO (Music of the Heart)
País/Ano de produção: EUA, 1999
Duração/Gênero: 124 min., Drama
Direção de Wes Craven
Roteiro de Pamela Gray
Elenco: Meryl Streep, Aidan Quinn, Angela Basset, Kieran Culkin, Cloris Leachman, Henry Dinhofer, Michael Angarano, Robert Ari, Teddy Coluca

Quando o marido de Roberta a deixou por uma amiga da família, ela abriu mão da segurança de sua pequena cidade e se mudou para o East Harlem com um objetivo: dar às crianças esperança, orgulho e poder para fazer algo por elas mesmas da forma mais improvável – através de cinqüenta violinos. Após 10 anos de ensino, a escola decide por cancelar suas aulas. Apoiada por seus amigos e pela comunidade local, ela decide lutar para manter o curso em funcionamento.

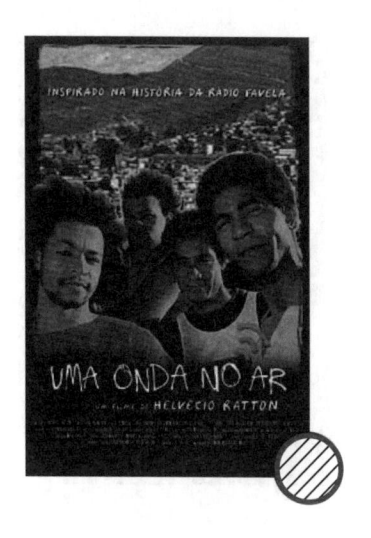

Ficha Técnica
UMA ONDA NO AR
País/Ano de produção: Brasil, 2002
Duração/Gênero: 92 min., Drama
Disponível em VHS e DVD
Direção de Helvécio Ratton
Roteiro de Jorge Durán e Helvécio Ratton
Elenco: Alexandre Moreno, Adolfo Moura, Babu Santana, Benjamin Abras, Edyr Duqui, Priscila Dias, Renata Otto, Hamilton Borges Walê, Tião D'Ávilla

Jorge, Brau, Roque e Zequiel são quatro jovens amigos que vivem em uma favela de Belo Horizonte e sonham em criar uma rádio que seja a voz do local onde vivem. Eles conseguem transformar seu sonho em realidade ao criar a Rádio Favela, que logo conquista os moradores locais por dar voz aos excluídos, mesmo operando na ilegalidade. O sucesso da rádio comunitária repercute fora da favela, trazendo também inimigos para o grupo, que acaba enfrentando a repressão policial para a extinção da rádio.

Ficha Técnica
CAIU DO CÉU (Millions)
País/Ano de produção: EUA / Inglaterra, 2004
Duração/Gênero: 98 min., Comédia
Direção de Danny Boyle
Roteiro de Frank Cottrell Boyce
Elenco: Alexander Nathan Etel, Lewis Owen McGibbon, James Nesbitt

O roubo de um trem dá errado e uma imensa sacola cheia de dinheiro cai do céu e vai parar nas mãos dos irmãos Damian e Anthony. Há apenas uma coisa a fazer: gastar como se o mundo fosse acabar amanhã, pois daqui a 12 dias a Inglaterra vai passar a adotar o euro como moeda oficial e todas as libras esterlinas vão direto para o incinerador. Mas como dois meninos, de oito e dez anos, pretendem gastar uma verdadeira fortuna em uma semana? Anthony resolve criar um mercado negro na escola, enquanto Damian deseja ajudar os pobres – se conseguir encontrar algum. Ah, e os ladrões do trem querem o dinheiro de volta. Será que eles vão conseguir gastar tudo antes que perca o valor? Será que a escola vai descobrir o que está acontecendo? Ou os ladrões vão chegar primeiro?

Ficha Técnica
O SENHOR DAS MOSCAS (Lord of the flies)
País/Ano de produção: EUA, 1990
Duração/Gênero: 90 min., Drama
Direção de Harry Hook
Roteiro de William Golding, Sara Schiffy
Elenco: Balthazar Getty, Chris Furrh, Danuel Pipoly, James Badge Dale, Andrew Taft, Edward Taft, Gary Rule, Terry Wells, Braden MacDonald, Angus Burgin

Depois de um terrível acidente de avião em pleno mar, um grupo de cadetes militares americanos vê-se perdido numa ilha deserta. Apercebendo-se das escassas hipóteses de ser socorridos, os rapazes juntam-se para fazer frente ao medo e ao desespero. Mas à medida que a ilha paradisíaca se vai tornando deles, a competição e a luta pelo poder divide-os em dois grupos. Ralph (Balthazar Getty) lidera um dos grupos e defende a pureza civilizada e a união, mas Jack (Chris Furrh) não acredita em nada disso e cria uma facção de caçadores bárbaros que acabam por entrar numa guerra com Ralph. Essas alterações colossais transformam crianças normais em assassinos cruéis, fazendo com que entrem numa guerra de vontades que vai opor o bem contra o mal, oferecendo uma cruel metáfora do selvagem em todos nós.

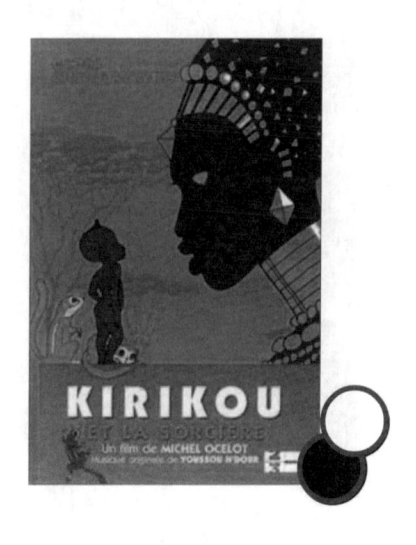

Ficha Técnica
Kiriku e a feiticeira (Kirikou et la sorcière)
País/Ano de produção: França, 1998
Duração/Gênero: 71 min., Animação
Direção de Michel Ocelot
Roteiro de Michel Ocelot
Elenco (vozes): Antoinette Kellermann (Karabá), Fezele Mpeka (Tio), Kombisile Sangweni (Mãe), Theo Sebeko (Kiriku) e Mabuto "Kid" Sithole (Velho / Viellard)

Na África Ocidental, nasce um menino minúsculo, cujo tamanho não alcança nem o joelho de um adulto, que tem um destino: enfrentar a poderosa e malvada feiticeira Karabá, que secou a fonte d'água da aldeia de Kiriku, engoliu todos os homens que foram enfrentá-la e ainda pegou todo o ouro que tinham. Para isso, Kiriku enfrenta muitos perigos e se aventura por lugares onde somente pessoas pequeninas poderiam entrar.

Ficha Técnica
FILHOS DO PARAÍSO (Bacheha-Ye aseman)
País/Ano de produção: Irã, 1997
Duração/Gênero: 88 min., Drama
Direção de Majid Majidi
Roteiro de Majid Majidi
Elenco: Mohammad Amir Naji (Pai de Ali), Amir Farrokh Hashemian (Ali), Bahare Seddiqi (Zahra), Nafise Jafar-Mohammadi (Roya), Fereshte Sarabandi (Mãe de Ali)

Ali (Amir Farrokh Hashemian) é um menino de 9 anos proveniente de uma família humilde e que vive com seus pais e sua irmã, Zahra (Bahare Seddiqi). Um dia ele perde o único par de sapatos da irmã e, tentando evitar a bronca dos pais, passa a dividir seu próprio par de sapatos com ela, com ambos revezando-o. Enquanto isso, Ali treina para obter uma boa colocação em uma corrida que será realizada, pois precisa da quantia dada como prêmio para comprar um novo par de sapatos para a irmã.

Ficha Técnica
DIÁRIOS DE MOTOCICLETA (The Motorcycle Diaries)
País/Ano de produção: EUA, 2004
Duração/Gênero: 128 min., Drama
Direção de Walter Salles
Roteiro de Jose Rivera, baseado nos livros
de Che Guevara e Alberto Granadot
Elenco: Gael García Bernal (Che Guevara – jovem),
Susana Lanteri (Tia Rosana), Mía Maestro (Chichina Ferreyra),
Mercedes Morán (Celia de la Serna), Jean Pierre Nohen
(Ernesto Guevara Lynch), Rodrigo de la Serna
(Alberto Granado), Gustavo Pastorini (Passageiro)

Che Guevara (Gael García Bernal) era um jovem estudante de Medicana que, em 1952, decide viajar pela América do Sul com seu amigo Alberto Granado (Rodrigo de la Serna). A viagem é realizada em uma moto, que acaba quebrando após 8 meses. Eles então passam a seguir viagem através de caronas e caminhadas, sempre conhecendo novos lugares. Porém, quando chegam a Machu Pichu, a dupla conhece uma colônia de leprosos e passam a questionar a validade do progresso econômico da região, que privilegia apenas uma pequena parte da população.

Ficha Técnica
SEMPRE AMIGOS (The Mighty)
País/Ano de produção: EUA, 1998
Duração/Gênero: 100 min., Drama
Direção de Peter Chelsom
Roteiro de Charles Leavitt, baseado em livro de Rodman Philbrick
Elenco : Harry Dean Stanton (Elton Pinneman), Gena Rowlands (Susan Pinneman), Elden Henson (Maxwell Kane / Narrador), Joseph Perrino (Blade Fowler), Eve Crawford (Sra. Donelli), Kieran Culkin (Kevin Dillon), Sharon Stone (Gwen Dillon)

Maxwell Kane (Elden Henson) é um garoto de 14 anos que tem dificuldades de aprendizado e vive com seus avós desde que testemunhou o assassinato de sua mãe, morta pelo marido. Quando Kevin Dillon (Kieran Culkin), um garoto que sofre de uma doença que o impede de se locomover, se muda para a vizinhança eles logo se tornam grandes amigos. Juntos vivem grandes aventuras, enfrentando o preconceito das pessoas à sua volta.

Ficha Técnica
PEQUENA MISS SUNSHINE (Little Miss Sunshine)
País/Ano de produção: EUA, 2006
Duração/Gênero: 101 min., Drama/Comédia
Direção de Jonathan Dayton e Valerie Faris
Roteiro de Michael Arndt
Elenco: Abigail Breslin (Olive), Greg Kinnear (Richard), Paul Dano (Dwayne), Alan Arkin (Avô), Toni Collette (Sheryl), Steve Carell (Frank)

Nenhuma família é verdadeiramente normal, mas a família Hoover extrapola. O pai desenvolveu um método de auto-ajuda que é um fracasso, o filho mais velho fez voto de silêncio, o cunhado é um professor suicida e o avô foi expulso de uma casa de repouso por usar heroína. Nada funciona para o clã, até que a filha caçula, a desajeitada Olive (Abigail Breslin), é convidada para participar de um concurso de beleza para meninas pré-adolescentes. Durante três dias eles deixam todas as suas diferenças de lado e se unem para atravessar o país numa kombi amarela enferrujada.

Ficha Técnica

A LÍNGUA DAS MARIPOSAS (La Lengua de Las Mariposas)
País/Ano de produção: Espanha, 1999
Duração/Gênero: 96 min., Drama
Direção de José Luis Cuerda
Roteiro de Rafael Ascona, Manuel Rivas e José Luis Cuerda
Elenco: Fernando Fernán-Gomes, Manuel Lozano, Úxia Blanco, Gonzalo Uriarte, Aléxis de los Santos, Jésus Castejón, Guillermo Toledo

O mundo de Mocho vivia em paz até o início da Guerra Civil Espanhola. É seu primeiro ano na escola, ele gosta do professor e encontra um novo amigo, Roque. Em uma viagem com a banda de seu irmão, Mocho descobre o que acontece em seu país. Rebeldes fascistas abrem fogo contra o regime republicano e o povo se divide. O pai e o professor do menino são republicanos, mas os rebeldes ganham força, virando a vida do garoto de pernas para o ar.

Ficha Técnica

ENCANTADORA DE BALEIAS (Whale Rider)
País/Ano de produção: Nova Zelândia, 2003
Duração/Gênero: 105 min., Drama
Direção de Niki Caro
Roteiro de Niki Caro, baseado em livro de Witi Ihimaera
Elenco: Keisha Castle-Hughes (Paikea Apirana), Rawiri Paratene (Koro Apirana), Vicky Haughton (Nanny Flowers Apirana), Cliff Curtis (Porourangi Apirana), Grant Roa (Tio Rawiri Apirana), Mana Taumaunu (Hemi), Rachel House (Shilo), Taungaroa Emile (Willie), Tammy Davis (Dog)

A tribo Maori, que vive no leste da Nova Zelândia, acredita ser descendente de Paikea, o domador de baleias. Segundo a lenda, há milhares de anos a canoa de Paikea virou em cima de uma baleia e ele, cavalgando-a, liderou seu povo até um local para viver. A tradição da tribo Maori diz que o primeiro filho do chefe da tribo seria considerado descendente de Paikea e líder espiritual do povo. Porém, após a morte do atual líder, quem assume o posto é sua irmã, Pai (Keisha Castle-Hughes), uma garota de apenas 11 anos. Apesar de ser corajosa e amada por todos, Pai precisa ainda enfrentar a resistência de seu avô, Koro (Rawiri Paratene), que insiste na manutenção da antiga tradição de que o chefe da tribo deve ser um homem.

Ficha Técnica

A GUERRA DOS BOTÕES (War of the buttons)
País/Ano de produção: EUA, 1994
Duração/Gênero: 94 min., Aventura
Direção de John Roberts
Elenco: John Murhy, Gregg Fitzgerald,
John Coffey, Paul Batt, Colm Meaney

Dois grupos rivais de crianças estão se preparando para uma batalha. Nas salas de aula acontecem secretas reuniões, onde são traçados planos de ação em busca do prêmio máximo pela vitória: os botões das roupas de seus inimigos. A batalha é iniciada, e à medida que avança, as coisas vão ficando sérias. Traições, amizades inesperadas e momentos de alegria se misturam com a pressão dos pais, da polícia, dos professores e dos amigos, para que terminem a guerra.

Ficha Técnica

O BALÃO BRANCO (Badkonake Sefid)
País/Ano de produção: Irã, 1995
Duração/Gênero: 85 min., Drama
Direção de Jafar Panahi
Elenco: Aida Mohammadkhani, Mohsen Kalifi, Fereshtch Sadr Orfani, Anna Bourkowska, Mohammad Bahktiari

Durante as festividades do Ano Novo persa, uma garotinha insiste que sua mãe compre um peixe dourado bonito e gordo, em vez dos magros que tem na fonte na casa da família, mas eles estão quase sem dinheiro. Após muito insistir, o irmão da garota acaba conseguindo o dinheiro, mas, no caminho à loja, ela perde os 200 tomãs diversas vezes, e os adultos ao seu redor estão muito ocupados para dar atenção aos seus problemas.

Ficha Técnica

MATILDA (Matilda)

País/Ano de produção: EUA, 1996

Duração/Gênero: 98 min.,Comédia

Direção de Danny DeVito

Roteiro de Roald Dahl, Nicholas Kazan, Robin Swicord

Elenco: Mara Wilson, Danny DeVito, Rhea Perlman, Embeth Davidtz, Pam Ferris, Paul Reubens, Tracey Walter, Brian Levinson

Matilda é a garotinha esperta e inteligente, que gosta de ler e vai bem nos estudos. Mas os pais não percebem isso e a colocam num colégio infernal. Lá ela descobre que tem poderes mágicos e assim vai poder acertar as contas com todos, inclusive a cruel diretora da escola.

Ficha Técnica

O SEGREDO DOS ANIMAIS (Barnyard)
País/Ano de produção: EUA, 2006
Duração/Gênero: 90 min., Animação
Direção de Steve Oedekerk
Roteiro de Steve Oedekerk
Elenco: Kevin James (Otis), Maria Bamford (Sra. Beady), S. Scott Bullock (Eddie), Megan Cavanagh (Hanna), Cam Clarke (Freddy), Courteney Cox (Daisy)

Otis (Kevin James) é um bezerro de bem com a vida, que vive em uma fazenda e adora dançar, cantar e se divertir pregando peças nos humanos. Ao contrário de seus pais, Ben (Sam Elliott) e Miles (Danny Glover), Otis não está preocupado em esconder dos humanos os talentos que os animais da fazenda possuem. Até ser colocado à prova, quando precisa demonstrar coragem e responsabilidade.

Ficha Técnica
VIDA DE INSETO (A bug's life)
País/Ano de produção: EUA, 1998
Duração/Gênero: 90 min., Animação
Direção de John Lasseter
Roteiro de Andrew Stanton, Don McEnery e Bob Shaw, baseado em estória de John Lasseter, Andrew Stanton e Joe Ranft
Elenco: Dave Foley (Flik), Kevin Spacey (Hopper), Julia Louis-Dreyfuss (Princesa Atta), Hayden Panettiere (Dot)

Todo ano, os gananciosos gafanhotos exigem uma parte da colheita das formigas. Mas, quando algo dá errado e a colheita é destruída, os gafanhotos ameaçam atacar e as formigas são forçadas a pedir ajuda a outros insetos para enfrentá-los numa batalha.

Ficha Técnica
A FUGA DAS GALINHAS (Chicken Run)
País/Ano de produção: EUA, 2000
Duração/Gênero: 84 min., Animação/Comédia
Disponível em vídeo e DVD
Direção de Peter Lord e Nick Parker
Roteiro de Karey Kirkpatrick, Nick Parker e Peter Lord
Elenco: Mel Gibson, Phil Daniels, Lynn Ferguson, Miranda Richardson, Tony Haygarth, Julia Sawalha, Jane Horrocks, Timothy Spall

Na década de 50, numa fazenda em Yorkshire, a galinha Ginger busca incessantemente um meio de conseguir escapar do fim trágico que seus donos reservaram para ela e seus semelhantes. Após várias tentativas frustradas, surge na granja o galo Rocky, com uma ambiciosa promessa: ensinar como voar às galinhas. Mas o tempo de Ginger e Rocky é curto: os Tweedy, donos da fazenda, compraram uma máquina que faz tortas de galinha, que em breve entrará em operação e irá dizimar toda a população do local.

Ficha Técnica

HAPPY FEET – O PINGÜIM (Happy Feet)
País/Ano de produção: EUA, 2006
Duração/Gênero: 98 min., Animação
Direção de George Miller
Roteiro de Warren Coleman, John Collee, George Miller e Judy Morris
Elenco: Elijah Wood (Mano), Brittany Murphy (Gloria), Hugh Jackman (Memphis), Nicole Kidman (Norma Jean), Hugo Weaving (Noah)

Entre os pinguins imperador você apenas é alguém se souber cantar. Isso causa grande preocupação a Mano (Elijah Wood), considerado o pior cantor do mundo e também um grande sapateador. Norma Jean (Nicole Kidman), sua mãe, gosta do sapateado de Mano, mas Memphis (Hugh Jackman), seu pai, acha que "isto não é coisa de pinguim". Além disso seus pais sabem que caso Mano não encontre sua "canção do coração" ele talvez nunca encontre o verdadeiro amor.

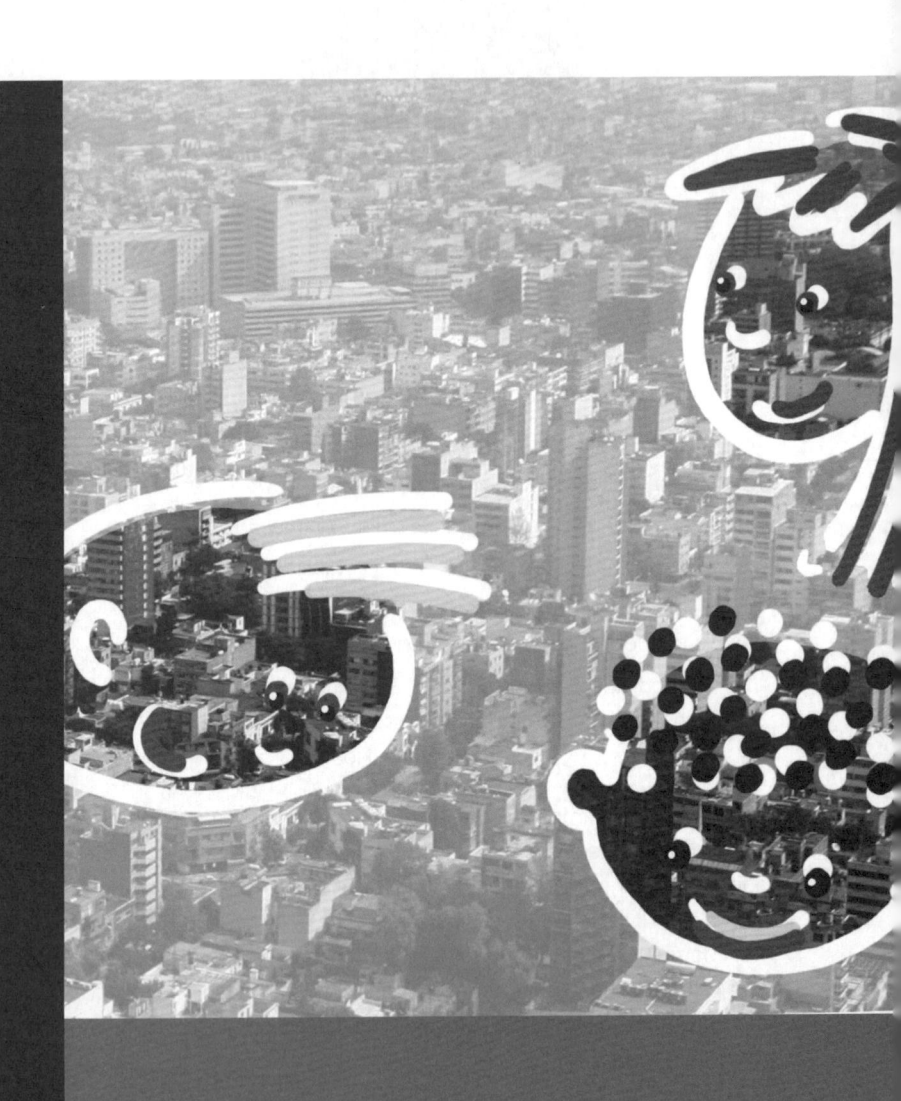

Sobre o trabalho com livros

Entre as questões mais polêmicas que pairam sobre nossas instituições de educação básica, a questão do trabalho com livros literários, desde a sua finalidade até a metodologia que deva ser empregada em sala de aula, tem despertado grande interesse, dentro e fora do ambiente escolar. Discussões sobre o papel do texto literário dentro da formação do aluno, sobre o tipo de abordagem que deva ser empregada para que haja uma interação entre a criança ou o adolescente e o universo artístico da obra literária, sobre o tipo de leitura que o professor deva trazer para o trabalho com o aluno têm se tornado constantes entre os membros da classe educacional.

A necessidade da presença do livro literário em sala de aula é algo incontestável. Fonte inesgotável de conhecimentos e descobertas, a literatura, conquanto atividade cognitiva, contribui para a ampliação do processo perceptivo do leitor. O profissional da educação nunca deve perder de vista o princípio artístico que é o fundamento de toda obra literária: a literatura é, antes de mais nada, arte, é um fenômeno de criatividade que representa o ser humano, o universo, a vida por meio da palavra, numa comunhão entre o sonho e a vida prática, entre a utopia e a realidade. Na verdade, desde as origens, a literatura aparece ligada a essa função essencial: atuar sobre as mentes, onde se decidem as vontades ou as ações; e sobre os espíritos, onde se expandem emoções, paixões, desejos, sentimentos de toda ordem. No encontro com a literatura, os homens têm a oportunidade de ampliar, transformar ou enriquecer sua própria experiência de vida, em um grau de intensidade não igualada por nenhuma outra atividade.

Justamente por ser a expressão artística de algo que é tão vasto e multifacetado como a natureza humana, e por refletir toda essa complexidade que é inata ao ser humano, ao seu mundo e a suas relações existenciais é que a literatura apresenta-se como um objeto misterioso, enigmático, fascinante e essencial. Assim sendo, a arte literária é uma necessidade vital para o homem, pois, mediante o trabalho com a linguagem, o prazer estético, estimula-se a criatividade do ser humano, abrindo sua mente para a formação de uma nova mentalidade e ensinando-o a lidar com seus medos, seus anseios, seus sonhos e suas frustrações de forma a enriquecer sua própria experiência de vida.

Para o êxito do trabalho com a literatura em sala de aula, é necessário que o professor tome consciência do seu papel, como mediador entre a obra de arte e o aluno; para que este reorganize seu conhecimento e sua consciência-de-mundo, é imprescindível que, antes, o professor reorganize também seus conhecimento e consciência-de-mundo. Sendo assim, o profissional da educação deve se orientar em três direções essenciais: a da literatura, como um leitor atento, crítico e constante; a da realidade social, como um cidadão consciente de seu papel transformador, de seu espírito crítico e criativo; e a da experiência docente, buscando, como profissional competente, novas formas de despertar em seus alunos o gosto pela leitura e a posição crítica perante ela, transformando-os em leitores autônomos.

Sugestões de títulos

- Um garoto chamado Rorbeto – Gabriel o Pensador
- Serafina e a criança que trabalha – Cristina Porto, Iolanda Huzak e Jô Azevedo
- A escolinha da Serafina – Cristina Porto
- Coleção Guia da criança cidadã: Convivendo com a Ecologia, Convivendo com a Escola, Convivendo com a Família, Convivendo com a Violência, Convivendo com Meninas e Meninos, Convivendo com o Dinheiro
- Crianças como você – Anabel Kindersley e Barnabas Kindersley
- Entre neste livro – a constituição para crianças – Liliana Iacocca e Michele Iacocca
- Eu e os outros – melhorando as relações – Liliana Iacocca e Michele Iacocca
- O livro dos pontos de vista – Ricardo Azevedo
- Coleção Amigos – Bang on the door: Amigos e Amigos em ação
- Todos temos direitos – Editora Ática

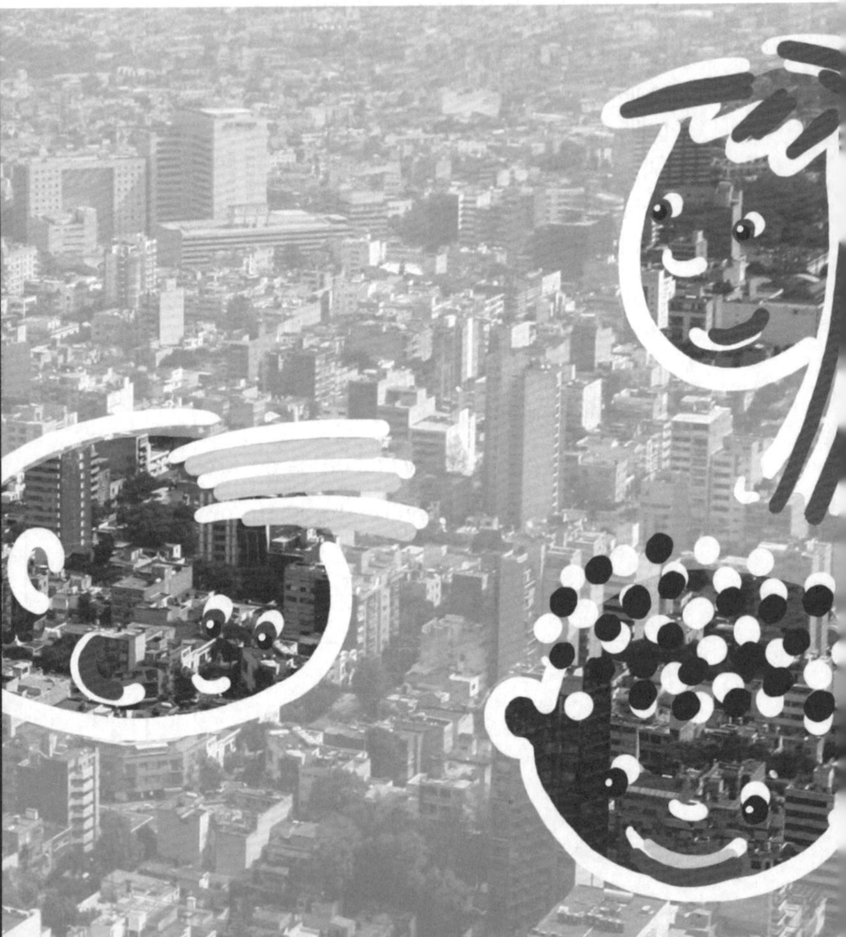

Sobre o trabalho com dinâmicas e jogos de grupos

A dinâmica de grupo constitui um valioso instrumento educacional que pode ser utilizado para trabalhar o ensino-aprendizagem quando se opta por uma concepção de educação que valoriza tanto a teoria como a prática e considera todos os envolvidos nesse processo como sujeitos.

A dinâmica de grupo constitui um valioso instrumento educacional que pode ser utilizado para trabalhar o ensino-aprendizagem quando se opta por uma concepção de educação que valoriza tanto a teoria como a prática e considera todos os envolvidos nesse processo como sujeitos.

A opção pelo trabalho com dinâmica de grupo permite que as pessoas envolvidas passem por um processo de ensino-aprendizagem no qual o trabalho coletivo é colocado como um caminho para se interferir na realidade, modificando-a. Isso porque a experiência do trabalho com dinâmica promove o encontro de pessoas em que o saber é construído junto, em grupo.

Logo, esse conhecimento deixa de ser individualizado e passa a ser de todos, coletivizado. Ainda tem a qualidade de ser um saber que ocorre quando a pessoa está envolvida integralmente (afetivamente e intelectualmente) em uma atividade em que é desafiada a analisar criticamente o grupo e a si mesma, a elaborar coletivamente um saber e tentar aplicar seus resultados.

Ao optar pelo uso da técnica de dinâmica de grupo, você poderá, por meio de jogos, brincadeiras, dramatizações, técnicas participativas, oficinas vivenciais e um ambiente descontraído, discutir temas complexos, polêmicos e até estimular que sejam externados conflitos (do indivíduo e do grupo), buscando estimular os participantes a alcançar uma melhoria qualitativa na percepção de si mesmo e do mundo e, conseqüentemente, nas relações estabelecidas consigo mesmo, com o outro e com o mundo.

Sugestões de dinâmicas

TÉCNICA: ESCOLHA SUAS LIDERANÇAS

Fonte: Projeto Crescer e Ser.

Objetivos: Dar-se conta da percepção que o grupo tem de cada um de seus componentes e possibilitar a identificação das lideranças.

Material: Lápis e papel.

Desenvolvimento:

- Formar subgrupos.
- Distribuir papel e lápis para cada subgrupo e pedir que escolham, entre todos os participantes do grupo, lideranças para as seguintes situações: um piquenique, uma festa dançante, um ato religioso, um grupo de estudo, uma greve estudantil, uma campanha para arrecadação de alimentos, mutirão para construção de uma casa, uma gincana, uma festa de aniversário surpresa, um grupo de dança, bagunça.
- Cada subgrupo apresenta suas escolhas e as justifica.
- Cada participante deve anotar as situações para que foi indicado.
- Plenário: analisar e refletir sobre as indicações feitas. Comentar as indicações recebidas; comentar as indicações com as quais concorda ou não; partilhar com o grupo o que lhe chamou mais a atenção.
- Fechamento e conclusões. Deve-se refletir que, quanto mais lideranças houver num grupo, mais rico esse será, pois assim se aproveitam as diferenças e aptidões individuais para o benefício coletivo.

TÉCNICA: A CIDADANIA NOS PEQUENOS GESTOS

Fonte: Equipe de educação do Serviço Social do Mosteiro de São Bento da Bahia.

Objetivos: Favorecer a reflexão sobre responsabilidade social.

Material: Lápis e papel.

Desenvolvimento:

- Grupo em círculo sentado.
- Distribuir papel e lápis para todos.

- Solicitar que os participantes listem, individualmente, situações vivenciadas na escola durante a semana que passou, em que o exercício da cidadania deixou de ser realizado.
- Formar subgrupos para a partilha das situações e construir uma lista comum com as ações mais significativas.
- Cada subgrupo apresenta sua lista.
- Plenário - discutir com o grupo as situações apresentadas e relacioná-las com questões mais amplas.
- Fechamento e conclusões. Chamar a atenção para o compromisso social que deve nortear a relação do homem com o mundo e para a responsabilidade que todos devem ter com o que é público e o que representa bem comum.

TÉCNICA: A ESCOLA QUE TENHO E A ESCOLA QUE GOSTARIA DE TER

Fonte: Margarida Serrão e Maria Clarice Baleeiro.

Objetivos: Levantar as características da escola que se tem e da escola que se gostaria de ter. Discutir formas de participação possíveis com o objetivo de transformar a escola que se tem.

Material: Lápis, papel, tesoura, fita adesiva, revistas, caneta hidrocor.

Desenvolvimento:

- Formar dois subgrupos.
- Cada um recebe um pedaço de papel grande e o restante do material.
- Cada subgrupo deve construir um painel que represente, respectivamente, a escola que se tem (subgrupo 1) e a escola que se gostaria de ter (subgrupo 2).
- Cada subgrupo apresenta seu painel.
- Cada subgrupo apresenta sua lista.
- Solicitar que todos os participantes comentem os trabalhos apresentados pensando nos seguintes pontos: Quais são as semelhanças e as diferenças entre os painéis; o que falta ser dito ou colocado; o que acha que não corresponde à opinião de cada um.
- Plenário e conclusões. Discutir como a escola que se tem pode se transformar na escola que se gostaria de ter e como cada um pode participar dessa transformação.

TÉCNICA: A LÂMPADA DE ALADIM

Fonte: Margarida Serrão e Maria Clarice Baleeiro.

Objetivos: Expressar valores, necessidades e desejos individuais. Perceber os valores do grupo.

Material: Lápis, papel, fita adesiva.

Desenvolvimento:

- Grupo em círculo.
- Distribuir lápis e papel para cada um e solicitar que respondam, individualmente, à questão: " Você encontrou uma lâmpada mágica – a lâmpada de Aladim. Você tem direito de fazer um pedido ao gênio. Escreva o pedido no papel que recebeu."
- Cada pessoa apresenta seu pedido ao grupo, e o professor prende as fichas de papel na parede agrupando-as de acordo com os seguintes critérios:

    1 – pedidos feitos em benefício próprio;

    2 – pedidos feitos em benefício de outras pessoas;

    3 – pedidos feitos em benefício da coletividade.

- Quando todos tiverem apresentado, o professor pede ao grupo que perceba qual foi o critério adotado para agrupar os pedidos.
- Plenário e conclusões. Qual foi o critério escolhido? Algum agrupamento tem um número de escolhas maior que os demais? O que isso significa? O que chamou mais a atenção em todos os pedidos? Se o grupo pudesse fazer apenas um pedido o que você acha que o grupo pediria? Lembrar que satisfação pessoal também é composta pelo bem-estar coletivo.

TÉCNICA: ALUNO E ESCOLA – UM DIÁLOGO POSSÍVEL

Fonte: Prêmio Fundação Odebrecht/UNICEF 95

Objetivos: Estimular o protagonismo infanto-juvenil na escola.

Material: Caixa com cartões com as letras A e E em igual quantidade.

Desenvolvimento:

- Grupo em círculo, sentado.
- O professor distribui os cartões com as letras A e E, um para cada pessoa.

- Os participantes formam duas fileiras, de acordo com a letra sorteada. Quem tirou a letra E fará o papel da escola e quem tirou a letra A fará o papel de aluno. Colocar as filas sentadas frente a frente. O professor pede que o grupo se concentre, entrando em seu papel, sentindo-se como escola ou como aluno.
- O professor explica que terá início um diálogo sucessivo entre a escola e o aluno. Nesse diálogo, os representantes da escola devem colocar o que pensam sobre o aluno e os representantes do aluno devem colocar o que pensam sobre a escola.
- Iniciar o diálogo alternando as falas: escola, aluno, escola, aluno, e assim sucessivamente.
- Fazer o rodízio dos papéis, de modo que todos respondam a ambas as questões.
- Plenário e conclusões. Que papel é mais difícil de representar? Por quê? Lembrar que a educação de qualidade é necessária para uma efetiva construção da cidadania e mudança social.

TÉCNICA: DOS SONHOS À REALIDADE

Fonte: Feizi Milani e Marica Lacerda.

Objetivos: Partilhar sonhos individuais e coletivos.

Material: Folhas de papel e caneta hidrocor.

Desenvolvimento:

- Grupo em círculo.
- Formar duplas
- O professor solicita que cada pessoa da dupla complete a frase "O maior sonho de minha vida é...", compartilhando este sonho com seu par.
- Quando as duplas tiverem concluído sua conversa, pedir que formem quartetos nos quais compartilhem resumidamente seus sonhos e completem a frase "Para tornar o meu sonho realidade eu..."
- Juntar os quartetos, formando subgrupos de oito, solicitando que completem a frase "A escola (ou a cidade) dos meus sonhos..."
- Formar grupos de dezesseis pessoas para discutir "Para a escola (ou a cidade) ser o local do meu sonho, é necessário..."
- Pedir que cada subgrupo escolha um relator para redigir as conclusões e outro integrante para apresentar.
- Plenário e conclusões. O que mais chama a atenção nessas discussões sucessivas? O que se aprendeu com o trabalho? Apontar a interdependência entre os sonhos pessoais e os coletivos, chamando a atenção para a necessidade de cada indivíduo contribuir para a realização de um ideal maior em prol da coletividade.

TÉCNICA: FORMANDO OPINIÃO POLÍTICA

Fonte: Feizi M. Milani (adaptação)

Objetivos: Perceber os fatores que interferem na formação da opinião pública.

Material: Papel, lápis, cartões com perguntas.

Desenvolvimento:

- Grupo em círculo, sentado.
- O professor inicia a discussão do tema solicitando que os participantes que já tiveram qualquer tipo de experiência com uma eleição relatem aos outros os pontos positivos e negativos.
- Entregar uma pergunta para cada um, pedindo que responda individualmente:

  1- Como os eleitores no Brasil formam sua opinião?
  2- Em que o eleitor deve ser basear para fazer suas escolhas?
  3- Você se considera uma pessoa bem informada em relação aos fatos políticos do país? Por quê?
  4- O que você acha que é necessário para estar bem-informado sobre os fatos políticos do País?
  5- Que fontes de informação contribuem positivamente para sua formação política?

  * as perguntas devem ser repetidas pelo menos três vezes para cada grupo de 15 participantes

- Pedir que formem subgrupos tendo como referência a mesma pergunta para discutir as respostas individuais, chegando a uma conclusão que represente o consenso.
- Apresentação das conclusões por subgrupo.
- Plenário e conclusões. Discutir como se forma uma opinião, chamando a atenção para a importância de uma análise crítica das informações recebidas.

TÉCNICA: ELEIÇÃO IDEAL

Fonte: Feizi M. Milani e Marcia Lacerda.

Objetivos: Refletir sobre valores e qualidades de eleitores e candidatos.

Material: Papel, lápis, caneta hidrocor, fita crepe.

Desenvolvimento:

- Grupo em círculo.
- Entregar folhas e pedir que cada um escreva como imagina ser o "candidato ideal" e o "eleitor ideal" (características, atitudes, capacidades, etc.).
- Formar subgrupos e pedir que discutam as conclusões individuais até conseguirem listar as qualidades essenciais do candidato e eleitor "ideais". Cada subgrupo apresenta suas conclusões e as justifica.
- Após apresentação, o professor destaca as qualidades mais evidenciadas, analisando com o grupo como essas qualidades se manifestam no cotidiano.
- Plenário e conclusões. O candidato ideal está próximo da realidade que você conhece? E o eleitor ideal? Qual a relação existente entre um eleitor e um candidato? O que é necessário fazer para que o real e o ideal se aproximem? Ressaltar que sucesso de uma eleição se dá pela qualidade dos candidatos e dos eleitores, além da importância do papel do eleitor em fazer o monitoramento das promessas de seu candidato.

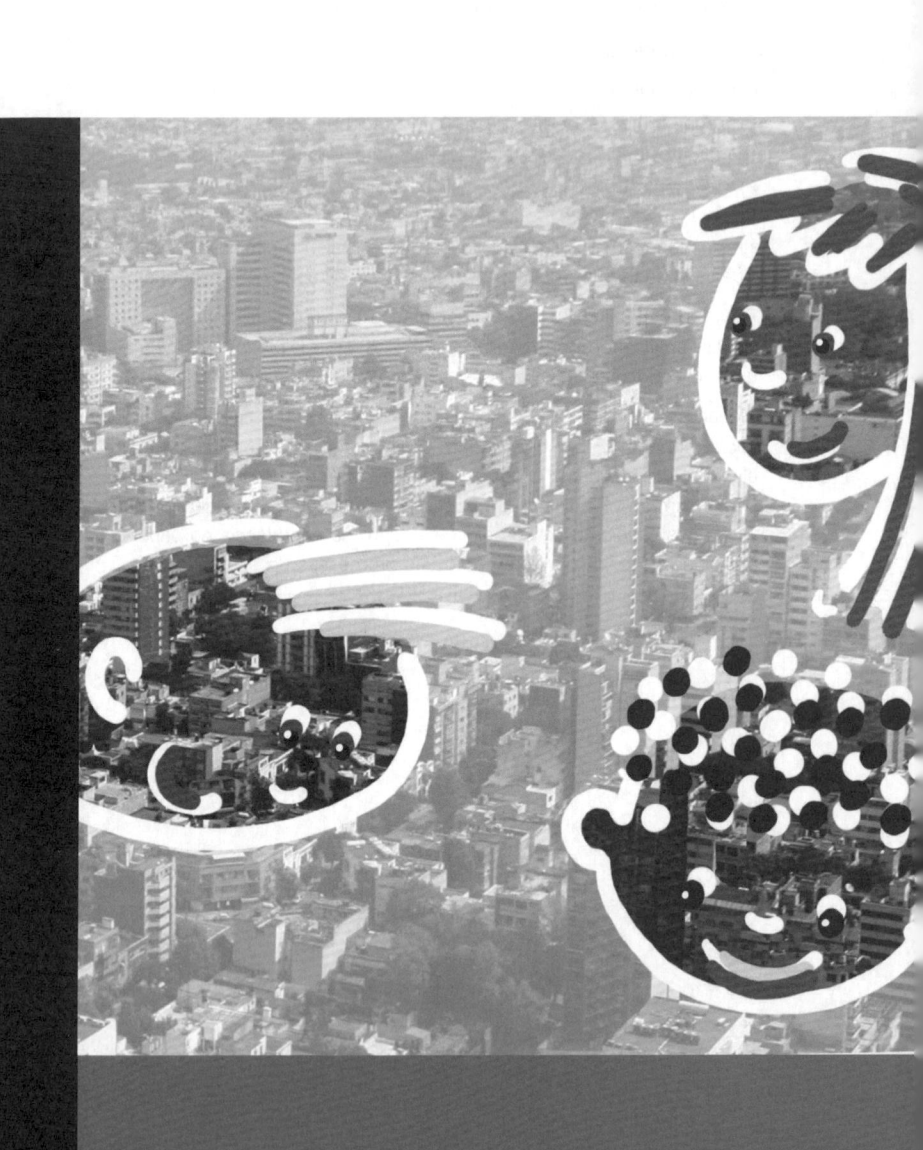

Apenas um exemplo de projeto interdisciplinar

Atividade 1

1. Material necessário:
   - Caixas pequenas vazias (sabonete, remédio, creme dental, pequenos presentes, etc.)
   - Fundo grande de papelão
   - Régua
   - Lápis de escrever e borracha
   - Palitos pequenos
   - Papel
   - Caneta hidrocor

2. Procedimento (como fazer):
   - Grupo sem organização não trabalha! Escolham uma pessoa para liderar e coordenar os trabalhos, uma pessoa para ler as instruções, uma ordem para que todos possam participar das decisões. Só assim a maquete poderá ser construída coletivamente.
   - A partir das instruções fornecidas pela professora, o grupo deverá montar a maquete.
   - Cada elemento deverá ser posicionado, corretamente, de acordo com as instruções, até o tamanho dos prédios, localização das construções, representação adequada para cada tipo de elemento da maquete.

- Não é necessário colar as caixinhas nessa primeira parte do trabalho. O mais importante é saber onde elas estarão posicionadas. Dessa forma fica mais fácil, na segunda parte do trabalho, personalizar cada construção.
- Não se esqueçam de usar lápis para nomear ruas e marcar locais, já que os erros podem ser corrigidos usando a borracha.
- Use seu corpo e sua posição como referência para a localização dos objetos.
- A convenção internacional servirá de referência para a localização dos pontos cardeais e colaterais na maquete, ou seja, o norte estará localizado na parte de cima.

3. Instruções (o que fazer):

- Encontrem o centro da superfície de papelão. Para isso, vocês podem traçar duas retas concorrentes, ligando as pontas opostas da superfície. O centro será o ponto de encontro dessas retas.
- No centro da superfície, vocês devem representar a construção número 1.
- Nossa maquete tem quatro ruas horizontais, todas paralelas. A construção número 1 está entre duas ruas horizontais: a Rua Esperança (a de cima) e a Rua Futuro (a de baixo).
- Do lado direito da construção número 1, fica a construção número 2, que se localiza nas esquinas da Rua Esperança e da Rua Futuro com a Rua Solidariedade. A Rua Solidariedade é uma rua vertical.
- Do lado esquerdo da construção número 1, fica a construção número 3, que se localiza nas esquinas da Rua Esperança e da Rua Futuro com a Rua Responsabilidade, que também é uma rua vertical, paralela à Rua Solidariedade.
- Do lado direito da construção número 2, depois de atravessar a Rua Solidariedade, encontra-se a construção número 4, que é bem grande e equivale a duas vezes o tamanho da construção número 2.

- Do lado esquerdo da construção número 3, depois de atravessar a Rua Responsabilidade, ficam as construções número 5 e 6, que são do mesmo tamanho da construção número 3.
- A Rua Esperança é paralela a uma rua acima dela, a Rua Cidadania, que também faz esquina com as Ruas Responsabilidade e Solidariedade.
- A Rua do Futuro é paralela a uma rua abaixo dela, a Rua Justiça, que também faz esquina com as Ruas Responsabilidade e Solidariedade.
- Nossa maquete tem, portanto, 12 quarteirões.
- Na esquina da Rua Cidadania e Rua Solidariedade, entre a Rua Esperança e a Rua Cidadania, fica a construção número 7, que tem, do seu lado esquerdo, a construção número 8.
- A construção número 8 fica na esquina da Rua Cidadania com Rua Responsabilidade, entre Rua Esperança e Rua Cidadania.
- Entre a Rua Futuro e a Rua Justiça fica a construção número 10, que também está entre as Ruas Responsabilidade e Solidariedade.
- Ao sul da construção número 10, encontra-se uma praça, localizada entre duas ruas verticais, ocupando todo o quarteirão.
- À sudeste da construção número 10, ficam duas quadras de esporte que ocupam todo o quarteirão.
- Do lado esquerdo da praça, logo depois da Rua Responsabilidade, fica a construção número 11.
- Ao norte da construção 11, ficam as construções 12 (à direita) e 13 (à esquerda).
- Nos dois quarteirões localizados a noroeste da construção número 1, estão as construções 14 e 15, cada uma ocupando um quarteirão inteiro.
- À direita da construção número 15 ficam as construções número 16, 17 e 18 (que ocupam o quarteirão localizado entre as Ruas Responsabilidade a Solidariedade).

- A construção número 19 fica no último quarteirão dessa rua, localizado a nordeste da construção número 1.
- Existem dois quarteirões vazios na maquete, um localizado ao norte e o outro ao sul da construção número 4.

Está pronta a maquete!

- Voltem às instruções, revisem o posicionamento dos elementos no espaço.

Atividade 2

1. Texto: "Estatuto da Cidade – O jogo tem novas regras" (Livro publicado pelo CREA-MG, IAB-MG, SENGE-MG e AMM)

- Leitura coletiva, discussão, construção de um acordo do grupo em relação às idéias apresentadas.
- Registro dessa discussão no caderno.

2. Discussão do grupo e registro das idéias para a seguinte questão:

" Quais seriam os elementos essenciais em um bairro para torná-lo um local mais saudável, mais justo, melhor de se viver, onde haja uma distribuição mais justa dos benefícios e das desvantagens do processo de urbanização?"

3. Partilha das idéias com toda a turma em um seminário.

(Sugiro até um trabalho com a música "Vilarejo" de Marisa Monte, que trata de um lugar de sonho, ideal).

4. Utilização das maquetes:

- Todas as maquetes serão colocadas juntas, e essa união formará uma cidade.
- Coletivamente, as crianças deverão pensar todos os equipamentos/serviços necessários para o funcionamento da cidade, considerando-a um espaço com igualdade social e distribuição de renda justa.
- Deverão ser propostas alternativas para que a administração da cidade possa resolver os problemas da população e

atender as suas necessidades. Sugiro até mesmo que as crianças possam definir como a cidade será administrada.

- Além disso, elas deverão considerar as necessidades específicas das crianças, dos idosos e dos portadores de deficiência. O Estatuto da Cidade deverá ser consultado sempre que necessário.
- Depois dessa decisão coletiva, para fins pedagógicos, cada grupo será responsável por construir um bairro da cidade, que pode ser temático, para facilitar o trabalho. O que não pode se perder de vista é que a união dos trabalhos vai construir o todo planejado e esperado por elas.
- Nesse momento, elas revestem as caixinhas, desenham os detalhes da estrutura e colam cada construção em seu lugar.
- As ruas podem ser identificadas com placas, podem ser colocadas árvores (se houver), carros (se houver), etc.
- Com a representação da cidade pronta, ela deve ganhar um nome e cada criança pode argumentar a favor ou contra o trabalho final, avaliando o processo e confirmando, ou não, a sua impressão de que aquela cidade seria boa para se viver.
- O trabalho coletivo também deve ser avaliado pelo grupo.

Atividade 3

1. Construção da planta

- Cada grupo, com a maquete do bairro que representou, constrói a planta do bairro utilizando-se de plástico e canetas para retroprojetor. A perspectiva vertical é prioritária.

2. Transposição da planta

- A planta, feita no plástico, deve ser transportada para uma folha de papel A3.

3. Identificação de elementos da planta

- Os grupos criam uma legenda para facilitar a leitura da planta.

4. Criação da planta da cidade

- As plantas dos bairros são reunidas e é criada a planta da cidade.

Legenda unificada

- Deve-se chegar ao consenso de uma legenda única para a leitura de toda a planta.
- Cada criança deve ter a sua cópia dessa planta em escala reduzida.

Proposta de trabalho

- Cada grupo propõe, a partir da planta da cidade, dois trajetos que deverão ser executados por outros grupos. Deverão utilizar os elementos do espaço, as noções topológicas e de lateralidade, e os pontos cardeais e colaterais.
- Os trajetos serão resolvidos pelo grupo e testados na maquete.

Referências

ALMEIDA, Manuel Faria de. *Cinema documental: história, estética e técnica cinematográfica*. Porto: Edições Afrontamento, 1982.

ARENDT, Hannah. *Homens em tempos sombrios*. São Paulo: Companhia das Letras, 1987.

ANDREW, J. Dudley. *As principais Teorias do Cinema, uma introdução*. Rio de Janeiro, Zahar, 1989.

ANTUNES, Ângela (Org.). *Orçamento Participativo Criança*. São Paulo: Instituto Paulo Freire, 2004.

BENJAMIN, Walter. *A criança, o brinquedo e a educação*. São Paulo: Summus, 1984

BIAGGIO, Angela; KOHKBERG, Lawrence. *Ética e educação moral*. São Paulo: Moderna, 2006.

BRASIL.*Parâmetros Curriculares Nacionais para o ensino fundamental*. Documento introdutório. Nov. 1995. (Mimeo.).

BRASIL. *Plano Decenal de Educação para todos*. Brasília, MEC, 1993.

ESCÁMEZ, Juan; GIL, Ramón. *O protagonismo na educação*. Porto Alegre: Artmed, 2003.

FERRO, Marc. *Cinema e história*. São Paulo: Paz e Terra, 1992.

FREIRE, Paulo. *Pedagogia da autonomia: saberes necessários à prática educativa*. 27. ed. São Paulo: Paz e Terra, 2003

GADOTTI, Moacir et al. *Cidade educadora*. São Paulo: Cortez, 2004.

Kohlberg L. *Moral stages and moralization: the cognitive developmental approach*. In: T. Lickona (Ed.). Moral development behavior. New York: Holt, Rinehart and Winston, 1976.

MORIN, Edgar. *Os sete saberes necessários à educação do futuro*. São Paulo: Cortez; Brasília:Unesco, 2000.

MUÑOZ, César. *Pedagogia da vida cotidiana e participação cidadã*. São Paulo: Cortez, 2004.

PADRÃO, Danilo Santiago Campos. *Os lápis de cor na misteriosa história do mundo assim assado*. Belo Horizonte, 2006. Obra gentilmente cedida. Direitos reservados ao autor.

PIAGET, Jean. *O juízo moral na criança*. São Paulo: Summus, 1994.

TONUCCI, Francesco. *Quando as crianças dizem: agora chega!* Porto Alegre: Artmed, 2006.

TONUCCI, Francesco. *La ciudad de los niños*. Buenos Aires: Losada, 2003.

XAVIER, Ismail. *O discurso Cinematográfico, a opacidade e a transparência*. 2. ed. Rio de Janeiro, Paz e Terra, 1984.

www.cineduc.org.br
www.planetaeducacao.com.br
www.mnemocine.com.br

QUALQUER LIVRO DO NOSSO CATÁLOGO NÃO ENCONTRADO NAS LIVRARIAS PODE SER PEDIDO POR CARTA, FAX, TELEFONE OU PELA INTERNET.

Rua Aimorés, 981, 8º andar – Funcionários
Belo Horizonte-MG – CEP 30140-071

Tel: (31) 3222 6819
Fax: (31) 3224 6087
Televendas (gratuito): 0800 2831322

vendas@autenticaeditora.com.br
www.autenticaeditora.com.br

ESTE LIVRO FOI COMPOSTO COM TIPOGRAFIA UNIVERS LIGHT, E IMPRESSO EM PAPEL OFF SET 75 G. NA FORMATO ARTES GRÁFICAS.
BELO HORIZONTE, NOVEMBRO DE 2007.